中国房地产业SCP范式及市场风险的研究

A Study on SCP Model and Marketing Risk of Real Estate Industry

黄 慧 著

东 北 大 学 出 版 社

· 沈 阳 ·

图书在版编目（CIP）数据

中国房地产业 SCP 范式及市场风险的研究 / 黄慧著. —沈阳：东北大学出版社，2014.7 （2025.4 重印）
ISBN 978-7-5517-0693-3

Ⅰ.①中…　Ⅱ.①黄…　Ⅲ.①房地产市场—风险分析—中国 Ⅳ.①F299.233.5

中国版本图书馆 CIP 数据核字（2014）第 175594 号

出 版 者：东北大学出版社
地址：沈阳市和平区文化路 3 号巷 11 号
邮编：110004
电话：024—83680267（社务室）　83687331（市场部）
传真：024—83680265（办公室）　83687332（出版部）
网址：http：//www.neupress.com
E-mail：neuph@neupress.com
印 刷 者：三河市天润建兴印务有限公司
发 行 者：东北大学出版社
幅面尺寸：140mm × 203mm
印　　张：6.25
字　　数：168 千字
出版时间：2014 年 9 月第 1 版
印刷时间：2025 年 4 月第 3 次印刷
责任编辑：牛连功　刘　莹　　　责任校对：孙　锋
责任出版：唐敏志　　　封面设计：唯　美

ISBN 978-7-5517-0693-3　　　定　价：35.00 元

前　言

近年来，我国 GDP 每年的增速达到 9% 以上，房地产开发投资也以 20% 左右的增幅持续增长，带动了相关产业的高速发展。但同时房地产业的投资与开发也存在一些问题。基于此，分析我国房地产业市场结构及其对房地产市场行为、市场绩效及市场风险的影响，为房地产市场进一步的发展提供有益的咨询建议等研究已经迫在眉睫。

本书主要从西方产业组织理论的角度，采用市场结构—市场行为—市场绩效的分析方法，即经典的 SCP（Structure — Conduct — Performance）范式对房地产市场结构、市场行为、市场绩效和市场风险等问题展开研究。

本书第 2 章从房地产业基本概念、房地产发展基本理论入手，对西方产业组织理论、市场风险理论进行了详细的综述，作为全书研究的理论框架。第 3 章应用市场结构理论，对我国房地产业的市场结构因素——产业集中度、进退壁垒、市场结构分类等——进行分析和研究，并对研究中的若干指标进行了修正。第 4 章对房地产市场行为，尤其是房地产市场的价格行为进行分析，应用蛛网模型构建了房地产市场的供需与价格关系模型，并给出房地产价格走势预测。第 5 章应用市场绩效理论，对房地产市场的绩效进行分析，给出取得的成绩，找出存在的不足，并对房地产市场结构与市场绩效的关系进行研究。第 6 章运用市场结构理论和市场风险理论，对房地产市场风险形成的原因进行分析，对风险路径选取、指标的确定等进行研究，并在此基础上，构建房地产市场风险评价体系模型。第7章选取天津市房地产市场作为实证对象，对天津市房地产市场的市场结构、市场行为、市场绩效和市场风险进行实证研究及评价，根据评价结果，指出天津市房地产市场存在的不足，并针对天津市房地产市场目前存在的问题给出一些对策与建议。

作　者

2014年5月

目　　录

1 绪 论

1.1 研究背景

1.1.1 我国房地产投资与开发的现状

我国现代房地产业在20世纪80年代兴起，至今只有二十几年的发展历史，但来势迅猛，为世人瞩目。回顾历史，1949年新中国成立后，我国接管了外国列强在华的房地产、没收了官僚资本的房地产。对城市私人房地产采取“国家经租”的改造形式，付给私人房产租金，赎买房产权，使大部分私人房产变成公有制的房产。同时，严格限制房地产的买卖租赁，城市土地使用权实行无偿划拨，城市住房实行国家福利性、低租金制度，房屋建设由国家统一投资，国内房地产市场基本处于停滞状态。

20世纪70年代末，我国开始实行改革开放政策，房地产业开始复苏。1980年4月，邓小平发表关于建筑业和住宅问题的讲话，提出住宅可以买卖和租赁。1982年，深圳、广州等沿海城市开始房地产经营试点。1992年我国宣布实行社会主义市场经济后，中国的房地产市场才真正形成。90年代初，由于我国房地产业刚刚复兴，商品房供应极为有限。在海内外需求的刺激下，商品房价格短期内大幅上升。广州、深圳的房价在二三年内升幅达到3～4倍。在超额利润的驱使下，我国房地产开发公司的数量迅速上升。1991年底，我国房地产公司不过3000家，到1992年底发展为12000家，1993年上半年则增加到30000家[1]。同时，大量的资金从内地和港、澳地区涌入沿海地区，使得沿海地区产生空前的房地产热潮。

由于我国房地产市场形成时间很短，市场发育不完善，政策法规尚不健全，早期的一些开发公司获得了高额利润。但是，房地产开发不仅投资规模大，开发周期长，而且环节多，涉及面广，整个过程都伴随着众多风险，是一个典型的高收益、高风险的行业。在房地产热潮中，人们看到的往往是高利润，而忽视了高风险，我国房地产业蕴涵着严重的危机因素。

随着我国经济体制改革的不断深入，以推行城市综合开发、房地产商品化、住房制度改革和土地有偿使用等制度为契机，我国房地产业迅速恢复、发展和壮大，显示出勃勃的生机和旺盛的活力，尤其是经过1993年以来的宏观调控，房地产业进入了相对平稳发展的阶段。之后，为了应对亚洲金融危机对我国经济的影响，1998年我国政府采取了积极的财政、货币政策，加大了城镇住房制度改革的力度，提出要将住宅建设培养成为促进国民经济发展新的增长点，房地产业也对国民经济的发展和人民群众生活水平的提高产生了积极的影响。表1-1通过房地产投资、开发和销售等7个方面指标，对我国房地产业的现状进行系统和综合分析。

表1-1　1996—2005年全国房地产市场开发现状

年度	企业总数	完成投资总额/亿元	投资额增长率/%	施工房屋面积/万平方米	竣工房屋面积/万平方米	实际销售面积/万平方米	商品房销售额/亿元	销售额增长率/%
1996	21269	3216	2.1	47012	15375	7900	1427	13.5
1997	21286	3178	−1.2	44986	15820	9010	1800	26.1
1998	24378	3614	13.7	50770	17567	12185	2513	39.7
1999	25762	4103	13.5	56858	21411	14557	2988	18.9
2000	27303	4984	21.5	65897	25105	18637	3935	31.7
2001	28763	6344	27.3	79412	29867	22412	4863	23.6
2002	29552	7791	22.8	94104	34976	26808	6032	24.0
2003	32618	10153	30.3	117526	41464	33718	7956	31.9
2004	59242	13158	29.6	140451	42465	38232	10376	30.4
2005	71115	15795	19.8	164445	48793	55769	18080	74.3

数据来源：《中国统计年鉴》，中国统计出版社，2006。

1998年，中国住房体制改革的纲领性文件《关于进一步深化城镇住房制度改革，加快住房建设的通知》颁布，决定自当年起，停止住房实物分配，建立住房分配货币化、住房供给商品化与社会化的住房新体制。这个纲领性文件使国内的房地产得到飞速的发展，成为带动国内经济发展的第一支柱产业和动力。从表1-1可以看到，近十年来，房地产投资额年平均增长率达到20%以上，施工房屋面积的平均增长率为14%，竣工房屋的平均增长率为13%，而商品房销售面积增长率达到22%，房地产销售额也以每年超出29%的速度增长。房地产销售金额的增长一直快于房地产投资的增长，这说明了商品房的价格不断上升、房地产企业利润快速增长、房地产市场的繁荣及市场对房地产的强大需求。房地产业的繁荣不仅成就了国内经济新的增长点，也使房地产业成为国内企业赢利最高的行业。另外，近些年我国房地产业发展呈现高速增长态势。其原因是以下几个方面合力的结果[2]：一是随着民众生活水平的提高，其消费结构发生了巨大变化，住房、汽车成为民众最为重要的消费品。而中国住房商品化之后几十年积累之住房补助资金的释放，以及金融创新工具的推出，都满足了民众购买住房的需求，从而使民众住房需求立即释放了出来。二是中国的房地产市场是一个完全垄断性的暴利市场，驱使各类资金纷纷进入房地产市场。三是加速发展房地产业，不仅使政府通过卖地增加其财政收入，而且房地产的发展能拉动当地GDP的增长。四是房地产的发展也为银行及各种金融中介机构开辟了一条风险小、收益高的获利途径。由于随着近几年中国银行业的改革和中国加入WTO，追求利润、发展自身成为银行的主要任务，房地产的发展不仅扩大了银行的业务空间，快速扩张了银行信贷规模，而且住房信贷成为银行资产质量最好的资产，因此，对房地产信贷扩张的竞争成为中国银行业的最大竞争。

从经济发展层面来看，未来房地产开发投资保持增长是毫无疑问的。随着房地产投资的增长，全国商品房价格上涨过快。2004年上涨14.4%，超过了当年GDP的增速，其中住宅价格上涨15.2%。1998—2003年，全国商品房价格上涨18%。据权威部门统计，2006年，我国70多个城市房屋价格平均涨幅高达6%。除客观上存在的原因外，目前的土地供给制度、地方政府税收制度、住房问题上财政政策和金融政策等问题，是造成目前房地产价格不正常上升的制度性因素。2006年1—2月，城镇固定资产投资同比增长24.5%，房地产开发投资同比增长27%。尽管这两项指标比2005年同期增幅都有所降低，但仍然在高位运行。

1.1.2 房地产市场的特点及其在宏观经济中的地位、作用与功能

1.1.2.1 房地产市场的特点

房地产市场与一般商品市场相比具有以下几个特点。

(1) 区域性

房地产市场的区域性主要是由房地产的位置固定性和性能差异性决定的。一方面，由于房地产位置的固定，房地产交易实质上是产权交易，其产权交易的载体即房地产实体是不可移动的。这就决定了当各地区的房地产市场出现供需失衡时，不可能通过相互间的协调来满足供需要求，解决供需矛盾。另一方面，房地产具有性能的差异性，即通常所讲的世界上没有完全相同的两个房地产。这就决定了不同房地产之间的替代性比较差。因此，房地产市场具有明显的区域性特点，不同区域的房地产价格水平、供需状况、交易数量等，相对于一般商品而言，存在极大的差异，不同区域的房地产市场之间的相互影响也比较小。

(2) 竞争的不充分性

相对于一般商品市场，房地产市场参与者较少，并且房地产交易价格及交易信息多为非公开的，使买卖双方较难了解到真实的市场行情。同时，房地产市场属于区域性市场，同一用途而区域不同

的房地产具有很小的替代性。并且房地产投资决策受到价格以外的因素影响也较大，因而房地产市场相对一般商品市场来讲，市场竞争不充分，交易效率较低。

(3) 供给调节的滞后性

一方面，土地资源一般不可再生，土地的自然供给无弹性，土地的经济供给弹性较小；同时，土地的用途一旦确定，就难以改变。另一方面，房地产开发周期较长，从申请立项到建成销售，需要至少一年或几年的时间，因而当市场供不应求时，供给的增加往往需要相当长的时间；而由于房地产使用的耐久性，又决定了在市场供过于求时，多余的供给也需要较长的时间才能被市场消化。因此，相对于需求的变动，房地产供给的变动存在滞后性，房地产市场的均衡具有不同于一般商品市场的特殊形式。

(4) 交易的复杂性

首先，房地产交易形式多样。例如，我国房地产交易有土地使用权出让及转让、房地产买卖、租赁、抵押、典当、房地产开发项目转让等多种形式。其次，房地产交易从有初步意向到交易完成，需要进行寻找买方或卖方、现场考察、产权产籍资料查阅、讨价还价、签订契约、产权转移或设定登记等活动，持续时间较长；并且由于交易客体——房地产——的性能的差异性，房地产交易信息的难以获得，完成一宗房地产交易通常需要中介人（如律师、评估师、经纪人、金融机构、行政管理部门等）的参与，因此，房地产市场交易复杂，交易费用高。

(5) 与金融的高关联性

可以说，房地产市场和金融市场是一对孪生兄弟，二者紧密联系，相互作用。由于房地产的价值量大，不仅房地产的开发需要大量的资金，即使对于一般的购房者而言，其购房款也是一笔庞大的资金，因此，不论是房地产的投资者和开发者，还是房地产的消费者，对于信贷的依赖性都很强。没有金融的支持，房地产交易的规模将受到极大的限制。而金融政策、市场利率的变动也会对房地产交易的数量和价格等产生很大的影响。

(6) 政府干预性强

相对于一般产品市场而言，政府对房地产市场的干预较强。由于土地是国家重要的资源，其分配是否公平、有效，对经济的发展和社会的稳定都具有非常重要的作用，因此，各国政府都对土地的权利、利用、交易等作出严格的规定。此外，房地产市场的不完全性，缺乏市场竞争性，垄断性强，以及其特有的社会福利性、社会保障性和社会稳定性等特点，使政府更有充分的理由对房地产市场进行较大的干预。政府一般通过金融政策、财政政策、土地利用计划、城市规划和环境保护等多重手段来鼓励或限制房地产开发，对房地产市场进行干预和调节。

1.1.2.2 房地产业在宏观经济中的地位与作用

① 房地产业是国民经济的基础产业。房地产业作为工业化、城市化进程中发展起来的独立产业，已经成为带动国家宏观经济发展的基本点之一。2005 年《中国行业发展报告——房地产》中的资料显示，2003 年全国房地产开发投资与国民生产总值比为 8.6%，房地产开发投资与固定资产投资总额比为 18.4%。

② 房地产业是宏观经济的先导性产业，具有产业链长、关联度大的特点。房地产业能够直接或间接地引导和影响相关产业的发展。据统计，我国每增加 1 亿元的住宅投资，其他相关产业相应增加 1.479 亿元投入，被带动的相关产业有金融、化工、建材、家电等数十种之多。

③ 房地产业对宏观经济的发展还具有很大的促进作用。具体表现在以下几方面。

第一，有利于产业结构的升级。截至 2001 年，我国三大产业的增加值结构与相同发展水平的国家相比，存在较大的结构偏差。主要为：一是第二产业的比重过高，1996—2001 年，我国第二产业的平均比例以当年价格计算为51.1%，与相同发展水平的国家比较，要高出10～20个百分点；二是第三产业比例过低，1996—2001年第三产业的当年价格和不变价格比例为33.6%，与相同发展水平的国家相比低了10～20个百分点。因此，在“十一五”规划中，除继续提倡大力发展第三产业外，还特别对房地产业及与之关联密切的行业作出指导说明，力图使房地产业成为健康发展的主导型支柱产业，推动我国经济迈上一个新台阶。

第二，有利于促进城市经济的繁荣。房地产业的发展有利于推动城市基础设施的建设与更新，有助于优化城市经济结构，提高城市的集聚效益；有利于城市生态环境的改善；有利于优化城市产业结构，增加城市财政收入；有利于市场经济体系的发展，使城市经济持续健康地发展。

第三，有利于带动消费市场的拓展。人们对物业功能、环境质量和社区服务等居住环境的要求，以及对室内装饰、家具家电等居住条件的改善，必然会带动装饰建材、家电、卫生洁具等消费市场的飞速发展。

第四，有利于推动就业市场发展。建筑业作为房地产业的密切相关产业，素以吸纳劳动力容量大而著称。此外，物业、装饰建材、家电等也是接纳劳动力的主要行业。

1.1.2.3 *房地产市场在宏观经济中的功能*

房地产市场的功能是通过房地产的供求、竞争、价格等机制及其相互作用表现出来的。具体可以分为资源配置功能、信息传递功能、价格实现和价值评价功能等几个方面。

资源配置功能是房地产市场的首要功能。具体又可以细分为调节房地产的供求和优化房地产资源配置两个层面。首先，根据微观经济学原理，产品价格对其市场供给具有正向影响作用，即随着价格上升，供给将增加；相反，产品价格对其市场需求则具有负向影响作用，即随着价格上升，需求将减少。房地产市场通过价格机制的作用可以调节房地产供需总量和供需结构，从而使房地产市场内部达到供需均衡。其次，优化房地产资源配置则是房地产市场价格机制最为重要的功能。

实践证明，金融业和商业用地的级差效益比工业用地和住宅用地要高得多。例如，由于传统工业部门的经济效益下降，承担不了市中心昂贵的房地产价格的压力，必然会逐渐向郊区发展。这也是为什么欧美等发达国家工业企业逐步呈现城市边缘化的原因之一。

信息传递功能既是联结房地产开发和需求的纽带，也是联结社会总供给和总需求的桥梁。而房地产市场信息是在频繁的房地产交易过程中形成的，并通过市场来传递。价格实现和价值评价功能是指对土地市场价格的最终评估与认可。

1.1.3 我国房地产投资与开发存在的问题

房地产开发投资趋势主要取决于全国宏观经济形势及经济增长率。近年来，我国 GDP 每年增速达到 9% 以上；同时，房地产开发投资也以 20% 左右的增幅持续增长，带动了相关产业的高速发展。但房地产业的投资与开发也存在一些问题[3-4]。

(1) 住房价格过高

这几年我国商品房价格上涨幅度加大，超出普通居民的实际购买能力。目前，我国城镇居民的房价收入比（房价与年收入之比）平均高达 10 倍，大中城市的房价收入比则在 12 倍左右，部分地区甚至超过 13 倍，超过普通居民的实际承受能力；而发达国家的房价收入比一般为 3～6 倍。虽然我国是发展中国家，居民的人均收入较低，房价收入比应略高于发达国家，但过高的房价收入比已经成为房地产需求的制约因素。

房价过高的另一种体现是中心城市的中心地区商品房价格过高，价格上涨过快。中低收入家庭为了改善住房条件，只能到远离原居住地的郊区购房，而城市交通不畅几乎是中国所有大城市普遍面临的问题，远离市中心的房价虽然较低，但到市中心上班的交通问题难以解决，大大抑制了房地产需求的增长。

（2）企业存量土地的随机入市使宏观调控难度加大

按照我国现行政策，“企业”储备土地是不允许的，但在事实上大量存在。因为不论是企业的历史用地，还是通过各种出让方式获得的土地，凡企业依照合法途径获得土地使用权后，应该有权自主地从市场的角度去考虑项目的开发进度，以获取最大收益。

因为企业存量土地的存在，使得在市场出现供大于求时，政府即使在供地上紧急刹车，也仍然难收到立竿见影的效果。存量土地对市场的影响表现出“正向叠加”的作用特点，放大了市场的系统风险。因为它完全可以根据市场情况，随机入市，当市道好转时，就开始大量进入市场；当市道偏淡时，则开始沉淀。所以，欲从源头控制商品房空置，就得在控制政府供地增量的同时，有效地疏导现有的企业存量土地，以压缩全社会土地存量的总和。

（3）开发结构不均衡造成供求脱节，形成相对性过剩

部分城市高档房大面积空置，经济适用房供不应求。根据国际经验，发展中国家的高档物业在房地产中所占的比例应该在5%～10%之间。从我国的实际需求看，我国大多数住房消费者的收入水平较低、购房能力有限，需要的是低成本、低价格的普通商品住房和经济适用房，但目前市场供应主体仍然是中高档商品住房，其中高档商品住房占15%左右。在高档商品房不断积压，空置面积持续上升的情况下，经济适用房则出现连夜排队购买的现象，有的城市经济适用房的供求比达到1:8。北京、上海、广州、南京、杭州等大城市出现高档商品房大面积空置，而经济适用房和低档住房供不应求的局面。

从理论上计算，当前乃至未来相当一段时间内，我国的住房总

量依然是不足的。如我国按照每年一个百分点提高城市化率*，每年至少要转移1500万农村人口，则每年需要2亿～3亿平方米城市住宅。由此可见，当前我国房地产大量空置的问题不在于总量，而是结构上的不合理。这种结构性的相对过剩体现在以下几个方面：首先是产品结构不合理，当前我国缺房的主要群体是中低收入阶层，但开发企业过分偏重于利润较高的"高端"品种，使供给主体与需求主体脱节。其次是功能结构不合理或者功能质量低下，不能很好地满足人民收入水平提高、生活素质改善对住宅功能要素提升的需要；或者过分提升房屋的功能质量，超出了总体收入水平的适应能力。再次是价位结构不合理，由于市场中比价因素的作用，使得产品之间出现盲目的价格攀比，而忽略收入价格比和性能价格比两大关键因素。最后是行业的信息渠道不畅，缺乏细分市场的有效引导，导致盲目定位、重复开发的情况非常严重。

（4）部分地区房地产开发投资增长过快

近两年我国房地产投资呈现加速增长的趋势，平均涨幅在20%左右。与此相对应，全国的土地开发面积、购置面积、房屋施工面积与竣工面积也呈现明显的迅速增长态势，但商品房的销售面积增长波动较大，并没有呈现迅速增长的态势。

虽然房地产投资增幅高于销售增幅目前只是在局部地区存在，但应该引起重视，防止其蔓延至全国。由于空置面积较大且逐年上升，积压了大量资金，给整个房地产业、金融业带来了巨大的压力和潜在风险。

（5）银行贷款风险逐渐加大

目前房地产企业的大部分资金依靠银行贷款周转，其平均资产负债率在75%左右。截至2002年10月，个人住房贷款的总规模为7500亿元，开发企业贷款总额为2000亿元，加起来近1万亿

---

* 城市化率是指一国或一个地区城市人口占全国总人口的比率，是衡量城市化程度的一个指标。

元，这些年增长势头还在不断加大。如此庞大的资金，加之房地产企业基本都是用短期资金滚动开发，如果房地产市场转为低迷、信贷质量变差，将直接影响银行的资金安全。

有关专家测算，金融机构用于房地产开发和个人住房贷款余额占全部金融机构的比例在10%左右。金融机构对房地产开发的支持主要体现在对开发企业的开发贷款和对个人的住房贷款两大方面。一方面，随着房屋需求的快速增长，加之目前的房地产业相对于其他行业仍然属于投资回报较高的，从而吸引了大批的市场新入者，原先的开发企业也纷纷加大开发规模，都增加了对资金的实际需求；另一方面，“存贷利息差”是当前我国金融机构的主要利润来源，因此，银行也有通过增加对外贷款来拓展利润空间的内在要求。这种供需磨合加速了银行资金流向房地产，从而导致金融机构对单一产业发展的贷款集中度过大的风险，同时也使房地产市场的发展供求失衡，进一步加剧了房屋空置的压力。

以上分析了当前我国房地产市场中业已存在的几个根本问题，对这些问题必须多管齐下、综合治理，进行必要的风险管理，才能达到预期目标。

1.2 国内外研究综述

1.2.1 国外研究动态

（1）风险管理研究现状

风险管理是研究风险发生规律和风险控制技术的一门新兴管理学科，各经济单位通过风险识别、风险估测和风险评价，并在此基础上优化组合各种风险管理技术，对风险实施有效的控制和妥善处理风险所致的后果，期望达到以最少的成本获得最大安全保障的目标[5]。

风险管理理论起源于20世纪50年代，在70年代和80年代发展很快，现已形成一门新的企业管理理论学科。1952年，美国的格拉尔在其调查报告《费用控制的新时期——风险管理》中首次提出并使用“风险管理”一词。到80年代，系统地开展了对风险管理的研究，在美国保险管理学会的推动下，风险管理教育在美国风行。到90年代，风险管理在世界范围内得到迅猛发展，形成一股全球性的热潮。根据对风险概念的解释不同，风险管理又可以分为不同学说。其中最具有代表性的学说是美国学说和英国学说，其他各学说都是它们的分支，或在此基础上派生出来的。美国学者通常从狭义的角度解释风险管理，他们把风险管理的对象局限于纯粹风险，且重点放在风险的处理上。如威廉姆斯（Williams C. Arther）和汉斯（Heins Richard M）在《风险管理与保险》中提出：“风险管理的目的与企业经营目的是一致的，企业经营的目的是生存、效益与增长以及摆脱困境、履行社会责任，因此风险管理是对实际损失和潜在损失的控制”。另外两位美国学者格林和塞宾认为：风险管理是为了在意外损失发生后，恢复财务上的稳定性和营业上的活力对所需资源的有效利用，或以固定费用使长期风险损失减少到最小程度。英国学者对风险管理的定义侧重于对经济的控制和处理程序方面。英国伦敦特许保险学会的风险管理教材给其下的定义为：为了减少不确定事件的影响，对企业各种业务活动资源的计划、安排和控制。这两个学说的共同的不足之处是没有对企业风险产生的根源进行很好的研究，而侧重于处理风险的技巧方面的总结与归纳。这种管理办法表现为期望值、概率、加权等数学语言的应用，而且它的研究对象较为狭窄（企业面临的风险因素），难以运用于企业日常的所有活动。此外，它在不知外部环境的风险概率时，就较难实施或者不可靠。

国外关于风险研究的文献较多，如1919年美国雷特出版的《风险与不确定性》，提出了风险预警的概念，开始对风险预警进行研究。1921 年美国奈特出版的《风险、不确定性与利润》，对风险理论作了进一步的拓展。50 年代以后，风险及其预警研究得到广泛重视。具有代表性的著作有美国威廉姆斯与汉斯出版的《风险管理与保险》、Mark R.Green 和 Oscar N.Serbein 出版的《风险管理：测试与案例》、Emmett J.Raughan 出版的《风险与保险基础》，英国 Gordon C.A.Dickson 出版的《风险管理》，日本武井勋出版的《风险管理》，2000 年英国学者迈克尔出版的新著《经营风险与危机处理》。这些著作对风险的形成、类型、预防和预警进行了广泛的研究。从风险文献著作来看，侧重于论述风险管理的有美国的威廉姆斯和汉斯所著的《风险管理与保险》等。

（2）房地产投资风险管理研究现状[6-7]

风险管理始于 20 世纪 30 年代的美国，现已成为一门独立的学科，被广泛地应用于投资管理、工程项目管理和企业管理等领域。主要的分析方法有概率分析法、模拟分析及现代数学分析方法、交叉影响的敏感性分析、可靠度、蒙特卡洛方法等。在风险规避措施方面，主要通过风险避免、风险降低、风险自留、风险组合相互抵消、风险转移来化解风险。

在国外房地产投资活动中，有很多房地产企业因为对风险的认识不足而导致严重后果。巴西的一家住房银行的倒闭曾使巴西一半的住房企业随之倒闭。美国曾经由于政策上所犯的一个错误使住宅金融体制瓦解，给消费者造成 5000 亿美元的损失。1992 年 7 月，世界第一大房地产公司——加拿大奥林匹亚和约克公司（Olympia & York）——宣布因为无法偿还高达 150 亿美元的巨额债务而宣告破产。该公司在申请破产保护前，属下掌握 40 座摩天大楼、几十处房产，并在北美洲最大的 6 家工业公司中拥有股权，但由于世界经济不景气及自身经营管理方面的问题，号称“房地产帝国”的公司从兴旺走向灭亡。

在西方发达国家，房地产业已经发展了近一个世纪，他们十分重视房地产投资的风险性。在房地产投资项目的可行性研究中，风险分析是必不可少的一个组成部分，特别是近二三十年，得到了迅速的发展，风险分析和决策方法日渐完善，已经逐渐成为一门独立的学科。在西方发达国家，由于其房地产业已经是一个市场发展完善的传统性产业，无论是在私人企业，还是房地产行业协会或者政府机构，均有从事房地产市场分析、估价和咨询管理的公司，这些企业或机构运用精确的经济分析（风险分析）手段，采用数量分析方法，为房地产投资者预测和评价房地产投资风险，帮助投资者进行房地产投资风险决策，使其避免因为决策失误等造成风险损失。

从某种意义上讲，风险分析是一种群体决策的手段[8]。目前，风险分析已经发展成为一门独立的学科。关于风险分析的研究可以划分成两个阶段：20 世纪 60 年代以前，投资风险研究主要集中在传统的经济-财会分析法；60 年代后，管理方法引进了该研究领域，创立了工程-管理科学法，增强了解决实际问题的能力。传统的经济-财会分析法有风险调查法、成本-效益分析、敏感性分析等，这些方法都是在假设资源没有限制的原则下建立的，侧重数学分析和解析计算，由于简化了风险问题本身的相关性和复杂性，使得这些方法在实际应用中受到限制。

1.2.2 国内研究动态

近些年来，通过理论界和房地产投资者不懈的努力，人们对房地产投资风险的研究有了很大的进步，从定性和定量两个方面取得了一定的进展。经过检索和查阅我国近十几年来房地产风险研究的文献，可以发现很多对风险特征进行描述和对风险规避策略及风险量化分析的研究。经归纳，综述如下。

（1）关于风险分类与特征的研究

关于房地产风险分类的文献比较多，1994 年李启明通过对房地产投资风险的辨识，认为房地产的五个主要可变风险是短期借贷费用、建造成本、建设工期、销售价格和投资者利益[9]。1995年夏荣鹏将房地产投资风险分为经营风险和财务风险，并把各类风险分为系统风险和非系统风险[10]。

1997年谭峻从投资者角度阐述影响房地产市场的风险因素，认为主要风险是经济因素、政治因素、环境因素和税务因素。他认为，在房地产开发前，应认真研究这些市场因素，并制定出应对计划[11]。

1998年，周鲜华从房地产经营者、金融机构和宏观经济三个层次分析了房地产投资的各种风险，同时提出防范措施[12]。2001年，张宇祥、徐晓音等通过论述房地产投资风险，认为房地产投资风险包含政策风险、社会风险、经济风险、技术风险、自然风险和国际风险等，指出经济风险对房地产投资影响最大，同时又是可以预测、可以规避的主要风险[13]。

2002年，贾楠通过借鉴证券投资组合理论和资本资产定价模型的思想，将房地产投资风险划分为系统风险和非系统风险，把对整个市场所有投资项目都产生影响的、投资者无法避免或消除的风险，统称为系统风险；把只对市场内个别项目产生影响，可以由投资者设法避免或通过投资组合方法消除的风险，统称为非系统风险或个别风险[14]。

2003年，金长宏等比较全面地阐述了当前房地产开发面临的主要风险，将房地产风险分为政治风险、经济风险、自然风险、技术风险和经营风险。他们认为，在房地产开发活动过程中，存在着多种影响开发利润的因素，而这些因素的作用难以或无法预料、控制，使得企业实际开发利润可能与预计利润发生背离，因而使企业蒙受经济损失[15]。

2005年，王维安[16]等在《房地产市场区域性风险扩散机制研究》一文中，通过关注房地产市场特有的区域风险，从房地产市场的内部结构来讨论房地产风险产生和传导的机制。针对房地产企业的跨地区投资行为可能引发的房地产市场区域风险的扩散问题，构建了双市场模型并进行分析。张玲玲[17]等在《房地产风险评价的投影寻踪模型研究》中，提出房地产投资多目标决策模型，结合指标及数据分布特点，将投影寻踪方法应用到房地产风险评价中，采用实码加速遗传算法来简化PP模型建模过程，该方法直接面向数据建模，将多种指标线性投影，为决策者提供了一个综合全部指标信息的决策依据，且具有简便、通用、准确等优点。

2006年，温进[18]等在《房地产投资开发的六个阶段与四种风险管理》一文中，阐述了房地产投资开发过程六阶段的主要内容及决策要点，提出了房地产投资开发过程的六阶段闭环管理思想，并对这一过程中的主要风险因素进行了分析和揭示，为房地产企业实施科学有效的管理和规避风险及相关金融行业的风险控制提供了有益的见解。

（2）关于风险测度及房地产风险评价的研究

1995年，赵世强等通过对房地产开发的特点分析，指出房地产开发具有巨大的风险，需要进行系统的管理，并提出运用模糊数学的理论，建立多级模糊综合评价数学模型[19]。

1997年，杨力试用系统分解法、德尔菲法（专家调查法）和流程图法，对房地产风险进行识别，并用敏感性分析、概率分析法和风险度来测量风险的大小，该文献为单个风险的测量提供了分析思路[20]。同年，胡俊超提出房地产众多风险因素的作用最终表现在对项目的净现流量的影响上，并引起房地产投资项目收益的偏离，因此可以通过综合考虑净现值这个指标受到风险影响的变化幅度来估量风险。运用该方法，可以对实际项目的风险进行估量，但由于项目未来现金流比较难测定，该方法运用上存在一定的难度[21]。黄富年分析了房地产风险，并提出用项目投资报酬率的标准差作为风险的度量[22]。

1997年，徐念榕介绍了蒙特卡洛法的分析步骤[23]，但以上两种方法在房地产开发中都未见实际应用。2000 年，郝丽萍等运用蒙特卡洛法，以财务净现值为评价指标，将售房收入、建安费用和销售费用的变化进行模拟分析，从而得到财务净现值的概率分布，即项目风险的大小。该方法具有一定的实际意义[24]。

2002 年，周生路提出利用计算机信息管理和决策支持系统技术来解决房地产风险决策中大量数据资料的分析、运算方案[25]，为房地产风险分析方法提出了新的研究思路。

2003 年，王广月[26]等在《房地产风险投资的多目标决策分析和应用》一文中，采用模糊迭代方法，对决策各参数指标数值进行处理，求出各指标值权重相应优属度数值，完成风险投资方案的排序择优，并结合应用，介绍该模型的评价方法。熊红梅、王慧敏[27]在《房地产投资风险综合评价研究》一文中，在分析房地产投资风险影响因素的基础上，提出了房地产投资风险综合评价指标体系，将层次分析和模糊综合评价两种系统分析方法相结合，对投资项目的风险进行了综合评价，为房地产开发企业的科学决策提供了依据。

2006 年，匡建超、陈小花[28]在《基于改进遗传算法的房地产投资项目风险评价模型》一文中，在借鉴和总结前人研究成果的基础上，利用改进的遗传算法来研究房地产项目投资中的风险，将房地产风险量化，进行风险评价。这种方法具有自组织与自适应等优点，克服了主观因素多的缺点，提高了评价的精确度，从而给管理者提供了更为合理的参考依据，使投资决策更为科学。朱明强[29]在《BP 神经网络在房地产投资风险分析中的应用》文章中，针对房地产投资具有投资金额大、回收期长等特点，将 BP 神经网络的理论应用于商品住宅的风险分析，分析了我国房地产投资风险及其变化规律，对当前房地产业开发建设具有重要的现实意义。罗福周、孔凡楼[30]在《带投资风险度的随机净现值分析方法》一文中，针对以往对房地产开发项目的经济评价，对项目各期的现金流量，不论其变动的可能性大小，均采用同一个风险折扣标准——折现率——进行描述，实际上是将风险补偿率作为一个固定值来处理，这显然不符合人们对风险评价的直观要求的现实，采用信息论中熵作为度量房地产开发项目投资风险的数量指标，就风险补偿率的定值问题建立了投资风险度的概念，并结合现金流量随机过程分析，给出了在风险条件下的随机净现值分析方法，改善了传统风险分析中无法体现投资风险随机性的缺陷。温海珍、贾生华、杨志威[31]在《BAYES方法在房地产项目方案比选中的应用》一文中，结合实际，在不确定性环境下，利用贝叶斯方法，进行方案选择，并对黄山市屯溪新城项目进行了实证研究。采用访谈法和专家打分法，从黄山市房地产市场的8个影响因素中，总结出两个关键因素：徽杭高速公路的建设进程，黄山市屯溪区城市发展进程。利用贝叶斯方法，计算了4种外部环境下项目方案的期望收益和16个决策函数的贝叶斯收益值，发现多层公寓的市场需求主要是本地需求，别墅的本地需求较小，但是徽杭高速公路的顺利开通可以促进别墅市场的需求。实证分析同时表明，贝叶斯方法可以有效地进行房地产项目方案的选择，有利于减少项目开发的前期风险。

（3）关于房地产业发展是否存在“泡沫”的研究

对近年我国房地产业发展是否存在泡沫，一直存在广泛和激烈的论争，通常认为经济学界是泡沫的坚持者，房地产管理层和企业界则是反驳者，而事实上，有关争论也来自经济学界内部[32]。对于是否存在泡沫，有三种观点：第一种观点是总体出现泡沫。魏杰认为，世界范围内最影响经济稳定发展的行业主要是股票和房地产，目前中国的住房价格远远超过居民的支付能力，出现虚假繁荣，如果不很好地调控，其后果难以想象。张曙光指出，我国房地产业高速发展背后存在一些潜在的危险因素，房地产泡沫膨胀是一些非理性决策发展的后果，现在应该敲响警钟。第二种观点是总体无泡沫，只是局部过热。萧灼基认为，房地产市场的特殊性决定了房产跨度较长，不少房屋的空置只是暂时的。有些地区在一定时期内出现了某些房型的过剩，但就全国总体情况而言，却不存在过剩之说。刘洪玉认为，我国近年住宅价格上涨率远低于同期 GDP 增长率，表明房价变化总体上没有脱离实体经济的支撑。只存在局部泡沫，短期内不会上升到泡沫经济的程度，但要警惕上市公司以房地产投资为目的的频繁重组、外行不断加盟、外资金融机构介入，都可能吹大现有泡沫。叶剑平认为，房地产出现泡沫，通常有经济周期的背景，在经济没有出现过热、没有出现泡沫的情况下，房地产先热，是一次由住房制度改革引发的不同于常规经济周期性房地产热的特殊情况。王晓国等借鉴现代金融理论中的资本资产定价模型，给出了测度房地产泡沫系数的科学、准确的评判标准，并就 2002 年我国房地产市场的冷热进行个案研究，结论为整个房地产业应该定性为热，但还未严重到泡沫程度，应该警惕泡沫产生和蔓延[33]。泡沫与房地产泡沫本质上是一种价格运动现象，即价格泡沫或资产价格泡沫，Kindleberger（1987）给出了被广泛认可的定义，指出泡沫是一种或一系列资产的价格在一段时间内持续快速上涨，且初始的上涨导致了人们对未来进一步上涨的预期，吸引了通常是投机者的新买家，这些投机者购买资产的目的是从交易过程中获得利润，而不是使用该资产或提高其盈利能力。“过热”又称“过度开发”，是指当市场上的需求增长赶不上新增供给增长的速度时，所出现的空置率上升、物业价格和租金下降的情况。刘洪玉等从泡沫和过热的本质论述出发，阐述了二者的区别和联系，认为：从全国范围看，不存在房地产泡沫问题，主要城市房地产市场也不存在房地产泡沫问题，城市间房价收入比的横向比较不能说明存在房地产泡沫现象，部分城市存在房地产过热现象或房地产经济泡沫，要警惕房地产业出现泡沫经济[34]。第三种观点是泡沫在所难免，关键是存在程度。吴敬琏认为，回答房地产是否存在泡沫，要比回答股市是否存在泡沫更加困难，但住房空置率升高很难不是泡沫出现的理由。现在很多人对房地产进行投资，一旦是以投资目的入市，那么和股市也就没有什么区别，今涨明跌，泡沫也是自然的。

泡沫产生的根源：房地产是缺乏供给弹性的要素资本，易导致过度投机[35]，泡沫来自对市场的非理性预期[36]，结构性失调，现代房地产具有虚拟资产特征。

1.2.3 风险综述评价

房地产投资是一项高收益、高风险的投资活动，具有高度综合性、高度关联性、投资额度大、开发周期长等特点。在房地产开发过程中，存在大量的风险因素，如房地产市场的供求变化、消费者的喜好、相关政策的调整、物价的涨跌、汇率及利率的变动，这些因素都直接影响着房地产开发企业投资的成败。因此，理论界和房地产开发相关部门一直致力于对房地产开发风险的研究，力图达到识别风险、估计风险和规避风险的目的；近年来，也不断有新的理论和评价方法见于报刊。通过对以上各种定性和定量的房地产风险评价方法进行比较和综述，发现存在以下不足。

① 人们普遍关注房地产项目的整体风险，而对项目各个阶段的风险关注不足，从而忽略了导致整体风险的关键步骤。就目前房地产整体存在的问题，即市场风险，没有进行过多的分析和研究。

② 对市场风险的研究也大多集中于市场是否有泡沫，是否存在经济泡沫，能否导致泡沫经济等；没有从整个影响房地产市场风险的各个因数来定量分析房地产市场风险和风险程度。

③ 人们过多地关注房地产项目风险的识别、风险评估和风险规避的研究，而没有从房地产业的范围对风险产生的基础、根源等进行研究。

④ 针对目前房地产出现的问题，以及将导致房地产业产生的

风险认识不足，并未给出具体、有效的调控和规避风险的方法与策略。

1.3 研究目的与意义

1.3.1 研究的目的

房地产业作为我国经济的重要组成部分，其潜在的风险对房地产开发商、房地产业和国民经济都构成威胁。

首先，对开发商来说，房地产开发中蕴涵着众多风险，稍有不慎，即可能导致项目失败，此类例子在各地已经屡见不鲜。开展房地产市场的风险分析，不仅能提高开发商的风险意识、避免盲目开发，还能提高风险管理水平，确保顺利实现预期目标。

其次，我国房地产企业普遍规模偏小，开发资金主要是通过施工单位垫资、客户按揭和银行贷款来解决，所以多数企业资产负债率都在70%以上。一旦出现风险，开发企业不仅首当其冲，而且势必影响到建筑、装潢和金融业的稳定与发展。1997年席卷东南亚国家的金融危机就是一个实证。当时泰国银行呆账坏账总额估计超过200亿美元，其中50%以上是房地产业造成的。因此可以认为，倘若忽视房地产风险或处置不当，就很可能引发金融危机，进一步影响国民经济的发展。

1.3.2 研究的意义

房地产市场风险是一种客观存在。随着经济体制的发展和各种经济成分的成长，人们逐渐认识到市场风险的现实性及其影响的严重性，对房地产投资者来说，风险意识也随之激增。影响项目投资经济效益评价指标的参数很多，这些参数均具有一定的不确定性。由于各参数的不确定性，其项目投资经济效益评价指标值也是不确定的，因此对投资项目所作的经济效益评价结论必将带有风险。在经济评价工作中，应对这种风险作出合理的量化分析和估算，以了解项目的风险承受能力，并尽可能采取措施回避风险。

（1）房地产市场风险研究的必要性

市场风险形成之初，很难被人们及时认识，并容易被表面繁荣迷惑，这使得研究房地产市场风险更加必要。风险一旦形成，必然带来大量经济和社会问题——主要表现在：①由于对市场风险难以准确把握，政府宏观政策往往容易失误，影响国民经济的发展。在市场风险发生之初，政府由于认识不清其性质，往往以更加积极的态度推进高利润房地产业的发展，忽视产业结构调整，到了风险发展后期，一方面投资过度和投资效益低下，另一方面有世界领先水平的高新技术、信息产业得不到发展（日本和东南亚就是典型例子）。②可能引发大规模金融危机，进而冲击本国乃至整个地区的正常经济秩序，给国民经济造成较大的损失。从亚洲金融危机可以看出，由于各国金融机构在“泡沫经济”膨胀之初，大量买卖并持有股票和盲目放款于房地产等高风险行业，金融风险持续放大。在“泡沫经济”破裂之后，形成巨额不良资产。银行信贷收缩，企业难以获得贷款，加上金融机构大量倒闭，造成各行业大量人员失业，增加社会的不稳定性。

（2）市场风险研究的重要性

从我国经济来看，房地产业所占比例逐年增加，房地产若出现大的波动，将对我国经济的发展产生巨大的影响。房地产开发投资占全社会固定资产投资的比例日益增大，由1998年的12.7%上升到2005年的21%。房地产业对GDP的贡献值也在不断增加。本书试图从分析我国房地产业发展的现状入手，在借鉴国内外相关研究成果和经验的基础上，剖析房地产市场风险表现特征和产生与发展的规律，探讨目前房地产市场是否存在风险，风险程度有多大，以及在市场机制逐步发挥作用的条件下，应该如何防范和控制产业风险等方面，提出一些观点和建议。

房地产市场风险的研究对促进我国房地产业与社会经济协调发展，保持我国经济的持续健康发展，具有重要的现实意义。

2 基本理论综述

2.1 基本概念

2.1.1 房地产业基本概念

（1）产业

产业一词在我国是一个古老的词汇，早在两千多年前就产生了有关产业的一些思想。邓伟根在《产业经济学》一书中，对这个概念作了一定的阐述，认为产业并不仅仅指工业，而泛指国民经济的各行各业，大至部门，小至行业，从生产到流通、服务，乃至教育等，均可称为产业。[37-39]

从产业组织理论出发，认为产业是指同一商品市场关系的企业集合体，即指生产同一类商品（严格地说，是具有密切替代关系的商品）的生产者的集合，这些生产者之间的相互关系就是产业组织。现代产业组织理论以市场结构（买卖方的集中度、产品的差异性和进入市场的壁垒）、市场行为（厂商对产品和价格组合的选择、生产策略、销售策略、竞争厂商的合作、价格策略等）和市场效果（相对于市场生产成本的价格大小、相对于最大效率的厂商规模和效率、厂商的技术进步等）作为基本研究范畴[40]。本书所指房地产业主要采用此概念。

（2）房地产业

原城乡环境保护部认为："房地产业包括土地使用权的有偿划拨、转让，土地的开发，房屋的建筑、维修、管理。"[41]包亚钧等认为，这种释义只从房地产业经营活动的内容以及场所考虑，而从表述“产业”的要求来讲，应该加上从事房地产经营活动的各种法人单位，因而他们给出的概念是：房地产业是指从事房地产业投资、开发、经营、管理和服务等经济实体所组成的产业部门[42]。胡定核等认为，房地产业就是进行房地产开发、经营、管理、服务的行业，属于第三产业[43]。

房地产业内部架构主要包括房地产开发、经营与管理服务活动。房地产开发和建设是房地产经济运行的起始阶段，是指通过对自然状态的土地投入人类劳动，进行房屋和城市基础设施建设而获得房地产产品的过程，包括土地开发和房屋建设两大部分[4]。

（3）房地产业的主要特征[44]

① 房地产产品是国民经济各部门进行经济和社会活动的物质载体，各社会成员生活、生存和发展的基本物质条件，因而它在国民经济发展过程中居于举足轻重的地位。

② 房地产产业部门不像其他商品生产的产业部门那样是纯粹私人物品的产业部门，而是一种与政府公共物品紧密相连的一种产业部门，是一种与政府政策关联度很大的产业部门。尤其是对土地政策的依赖性，关系到产业发展的根本。

③ 房地产业是一种产业关联度极大的产业。

④ 房地产业是一种与金融业伴生的产业部门。从投资者方面说，由于投资额大、风险大，所以必须利用银行贷款筹集资金，并且利用产品建设周期长的特点，通过房屋的预售等形式，实行还贷与组织资金周转；从消费者方面说，由于住房和其他各种房屋价格昂贵，购买者不可能一次付清价款，即使是发达国家，如美国，也是如此，都是利用产品使用寿命长这一特点，通过银行按揭，实行分期付款[45]。这种房地产的销售贷款方式已经成为国际惯例。

2.1.2 区域房地产基本概念

区域是地理学的一个最基本的概念，但其应用已经广泛涉及其他学科（如生物学、政治学、社会学、经济学等）领域。对于区域的概念，许多学者都曾探讨过。在国内具有权威性的《现代地理学辞典》中，对“区域”的解释为“是具有一定地理位置和可度量的实体，各要素有内在本质的联系，外部形态特征相似”。从实用的角度来看，对区域概念的这个释义反映了它在地理学中的应用价值，以及识别区域个体的方法[46]。魏清泉将区域概念概括为：区域是地球表面某一特定的范围，这里特定是指人们依照某种需要、目的、标准或功能所划分出来的[47]。

林斗明认为，从狭义角度看：房地产区域是指地块的地理空间位置及与相邻地块的相互关系；广义上讲，是人类的一切活动，包括政治经济的、文化教育的、科学卫生的一切活动以及人们的居住活动的空间布局及其相互关系[48]。本书的区域概念主要从宏观角度，而不涉及区域内部即房地产区位的概念，涵盖以下几个基本特性：

① 有固定的地理位置，可以用经纬度来明示其范围，也可以用自然的、经济的、行政的和其他人文现象来描述其具体的地点；

② 区域内部具有同一性（同一性是研究的基础）；

③ 有一定的系统性、层次性和差异性。

专家们对区域房地产的研究主要集中在两个方面：一是影响房地产业的区域因素。林斗明将其概括为五个方面，即自然和环境因素，能源、交通、通讯、排污等生产、生活与社会服务基础设施方面，社会因素（包括行政、社会治安、人口数量、密度和素质以及人们的消费心理等），经济科技教育发展水平，城市化、国际化程度；刘晓宁将其概括为三大方面，即自然因素、社会经济因素和规划因素[49]。二者思考的角度基本一致，只是后者更注重微观区位因素。另一方面是对我国房地产业发展的区域差异研究：陈浮、王全民等（1997）认为，全国各地区房地产起步时间不同，加上宏观经济区位差异、经济发展水平不同，所以各地区房地产业发展速度、规模不同，并利用投资数据说明了东、中、西部房地产业发展的地域非均衡性[50-51]。陈浮等（2000）从土地出让市场化程度、住宅价格商品化程度、住房消费支出度、房价收入可比度、房地产投资多样化、房地产金融自由度、房地产投资开放度、房地产市场化整体程度8个指标测算了我国东、中、西三大地区房地产市场化的区域差异，提出了不同区域房地产业的发展战略[52-54]。

2.2 房地产业基本理论研究综述

2.2.1 地租、地价理论

（1）地租理论

地租不仅具有经济意义，而且是一个政治、道德、法律和环境的多面体。作为一个庞杂的体系，地租理论已经成为房地产业最重要的基础理论之一。地租理论的形成和发展是不同学派和学者研究不断深化的过程[55]。

早在17世纪末，英国古典政治经济学家威廉·配第（Willian Petty）首次提出地租理论，并对级差地租Ⅰ、Ⅱ和土地价格做了初步研究[56]。此后，亚当·斯密（Alan Smith）、法国农业学派杜尔阁（R.J. Turgot）、美国经济学家詹姆斯·安得森（Tames Anderson）、英国古典经济学理论完成者大卫·李嘉图、法国古典经济学派让·巴蒂斯特·萨伊（Jean Baptiste Say）等，对古典地租理论的发展和完善作出了不同程度的贡献[57]。

马克思在批判和继承古典经济学理论的基础上，创造了科学地租地价理论体系，对地租构成、地价量化及建筑物地段地租做了深入研究，为我国房地产业发展研究提供了重要的理论基础。从质和量方面，对地租进行了分析。从质的方面，土地所有权集中体现在绝对地租上，我国实行土地有偿使用和有限期使用制度的理论，正是由此推导出来的。从量的方面，地租分为级差地租Ⅰ、Ⅱ两种形式，由于所使用的土地本身状况以及使用者投资等方面的不同，造成地租量的差异，这对于促进土地资源合理配置具有一定的指导意义。

19世纪后期，在资本主义国家的城市化进程中，城市用地与农业用地矛盾日益紧张，在比较利益的驱使下，大量农业用地变为非农业用地，城市在人文景观上的地位日渐突出，从而引起许多经济学家对城市问题的关注。英国经济学家阿尔雷德·马歇尔（A.Marshall）将边际分析和供求分析综合起来，分析地租地价；美国经济学家约翰·B. 克拉克（J.B.Clark）运用边际分析、数量分析和报酬递减规律，论证了地租地价问题；英国经济学家R. 赫德（R.M. Huzd）运用区位理论，分析了地租问题；美国经济学家威廉·阿朗索（Willian Alonson）利用数学模型，根据假设条件，揭示地租的成因、结构和地价的空间分布[58]。上述研究使地租理论向更加广阔的领域延展。

当代美国著名经济学家保罗·A. 萨缪尔森（P.A.Samullson）认为，地租是为使用土地付出的代价，土地供给数量是固定的，可以利用地租和生产要素的价格来分配稀缺的资源，而不收取地租是会造成缺乏效率的或不适应的使用方法[25]。美国土地经济学家雷利·巴洛维（R.Barlowe）认为，地租可以简单地看作一种经济体系，即总产值或者总收益减去总要素成本或总成本之后余下的那一部分，各类土地上的地租额取决于产品价格水平和成本之间的关系[59]。上述两位代表人物继承了现代西方经济学关于地租研究的某些观点，把地租放在市场体系中进行研究，其研究方法对于研究我国地租问题和房地产业发展问题，具有重要的借鉴意义。

（2）地价理论

地价理论是在地租理论和市场价格理论的基础上发展起来的。地价可以由地租还原而求取。由于对土地价格的形成机制和影响因素有着不同的认识，所以形成了名目繁多的地价理论与模型，从而使地价理论研究形成五大学派，即土地经济学派、土地利用学派、生态学派、行为学派和现代西方经济学派。概括起来，可以分为两大类：总体地价理论与个体地价理论。总体地价理论将土地作为一个生产要素纳入生产过程，认为经济增长与地租有着密切关系，土地与劳动、资本一样，也是生产要素，以利润所得最大化为依据建立生产函数，分析土地再生产过程中与其他资本的相互替代关系，由此确定地价的形成。个体地价理论从分析影响和决定地价的因素与条件出发，建立地价函数。个体地价理论从土地有多种用途这一特征出发，认为土地供给量是有弹性的。虽然个体地价否定了地租的存在，忽视了土地资源稀缺性的制约因素，但它从各个方面多侧面地反映了地价的成因，丰富了土地价格理论，为开展我国城市土地价格和市场经济理论研究提供了宝贵的经验与思路[60]。

2.2.2 供求、区位理论

（1）供求理论

市场供求状况决定产品的均衡价格，这一西方经济学原理已经被我国经济学界广泛接受。由于土地空间位置的固定性和资源稀缺性，在一定条件下，土地的供给是基本恒定的。表现为供给曲线是一条垂直的直线，而需求曲线则是一条曲线，并且可以上下移动。因此，在一定条件下，土地需求决定土地价格。

但是由于土地的各种用途可以改变，可以相互转移，因此就某种用途的土地来讲，供给也是可以变化的。由于政府的管制和垄断，所以土地的供给总量可以是弹性的。这一特点为宏观调控房地产市场提供了理论基础。

（2）区位理论

房地产业具有较强的地域性特点，其发展必然遵循一定的空间规律。区位理论始于级差地租的研究，逐渐发展成为一种有关空间经济活动的一般性理论。德国经济学家杜能（J.H.Von Thunen）最早从区位地租出发，得出农产品围绕市场呈现环状分布的理想化模式，为距离衰减法则和空间相互作用原理的出现奠定了基础。德国经济学家韦伯（A.Weber）建立了工业区位论，提出了工业用地区位指向性的原则。随着第三产业的发展和城市化进程的加速，住宅区位理论和商业用地、办公用地等区位理论逐步发展。区位理论主要分为两大派别：过滤论和互换论。过滤论最早是伯吉斯（E.W.Burgess）在20世纪20年代初期提出来的，该理论主要是从住宅区位格局的角度研究住宅空间分布的特点，经过发展，出现了“同中心地带论”“扇形理论”“多核心模式”等。互换论的代表人物有温哥（L.Tr.Wingo）和阿隆索（W.Alonso）。温哥提出了居住区模型；阿隆索提出区位平衡理论，认为一个家庭的固定收入将用于土地投资、交通运输、购买商品等。此外，英国经济学家伊文斯（Alan W. EVans）等人还研究了办事机构区位、商业区位等，对研究不同类型物业发展的空间规律具有很大的帮助。

区位理论对我国房地产业发展具有重要意义：①有助于根据区位理论模式中不同因素对地价或房地产价格的影响，分析各种因素对房地产业发展影响的权重；②有助于分析和发现房地产业的空间特征，制定合理的产业空间战略，如地价的空间变化、房地产区位指向、房地产业投资的空间变动等；③有助于指导不同类型房地产在空间上的合理配置，提高资源配置效率。

2.2.3 房地产投资风险的经济理论

（1）风险-收益原理

风险-收益原理含有两层意思。一是不同的风险项目对应着相应的预期收益率，并且风险和收益是等价的；风险大的项目预期收益高，风险小的项目预期收益低。二是风险可以理解为负收益，考虑了风险的收益率会小于不考虑风险的收益率。

风险的投资-收益原理在房地产投资决策中非常有用，为房地产投资者进行风险分析提供了一种量化的工具。房地产投资商在进行诸如商业中心、写字楼、住宅、花园别墅、工业厂房等投资项目决策时，可以采用不同风险程度下的预期收益率来决定是否值得冒此风险。

（2）风险-效用原理

人们的投资决策，除了受到投资方案的效益影响外，还与投资决策者对于风险的态度及其对后果的偏好程度密切相关。人们对事物在态度和偏好程度上的差异会获得不同的满足程度，感受到不同的效用。回避风险型投资者倾向于投资预期收益小、风险也小的项目，而回避高风险、高回报的项目；冒险型投资者往往选择预期收益大、风险也大的方案；折中型投资者则会作出介于两种极端之间的选择。合理决策产生于可选方案预期效用的比较，而不仅仅考虑预期的收益。当进行诸如商业购物中心、普通住宅、花园别墅等项目投资决策时，如果商业购物中心收益大、风险也大，普通住宅风险小、收益也小，花园别墅的收益和风险介于两者之间，回避风险型投资者会选择普通住宅项目，冒险型投资者会选择商业中心项目，而折中型投资者则会通过计算，选择期望收益较大的投资项目。

2.3 产业组织理论研究综述

2.3.1 国外学者对产业组织理论的研究

2.3.1.1 产业组织理论的起源[61-63]

产业组织理论的思想起源于古典经济学家亚当·斯密，在《国富论》一书中，他的劳动分工理论最早系统地讨论了合理的生产组织对经济进步产生的巨大促进作用。在该书中，亚当·斯密指出，劳动生产力的极大改善，以及劳动技能、熟练程度和判断力的提高，似乎都是劳动分工的成果，并以制针厂的例子加以说明。在此基础上，以工人劳动熟练程度的提高、节省转换工种的时间、机器的发明和使用对劳动力的节约三个方面，深入分析了企业中劳动分工提高劳动生产率的原因。亚当·斯密还在《国富论》中对资本主义的市场活动进行了细致的研究，认为自由竞争的市场机制总是促使市场价格与生产者成本趋于一致[64]。

20世纪初，英国新古典经济学家马歇尔对亚当·斯密的理论作了修正。在马歇尔所处的时期，资本主义已经由自由竞争资本主义发展到垄断资本主义，资本主义生产日趋集中，企业规模不断扩大，企业之间单一的自由竞争的市场关系被打破，产业内企业之间的组织关系表现出多样性特征，垄断、寡头垄断成为资本主义国家的普遍现象，产业内合理的企业之间组织在经济增长中的重要作用也得到了人们的认识。他认为，在完全竞争的市场机制下，一般可以通过竞争使市场价格与单位生产成本相等。在其著作《产业经济学》中，第一次提出“产业组织”概念，并将其定义为产业内部结构。1890年，马歇尔在《经济学原理》一书中，第一次把“组织”作为与资本、土地和劳动力并列的生产要素，提出了“工业组织问题”，分析了分工和机械对工业组织的影响，考察了工业组织大生产的经济性，以及规模经济又导致垄断势力发展的基本矛盾（即“马歇尔冲突”）[65]，即大规模生产能为企业带来规模经济，企业追求规模经济的结果导致垄断，进而阻碍竞争机制在资源合理配置中发挥作用。

2.3.1.2 产业组织理论的形成

1930年以后，产业组织理论才真正形成一个相对完整的体系。其代表是正统的哈佛学派、非正统的芝加哥学派、新奥地利学派、新制度学派等。

(1) 正统的哈佛学派

哈佛学派的代表人物是哈佛大学的张伯伦和英国剑桥大学的罗宾逊夫人。他们以收益递增规律与完全竞争前提相矛盾为突破口，对马歇尔的价格理论进行了批判。1933年，他们分别出版了各自的专著《垄断竞争理论》和《不完全竞争经济学》，提出了垄断竞争理论，试图揭示由于市场结构变动导致的厂商行为的变异，并由此影响整个经济的运行效率[66]。他们抛弃了以往要么垄断，要么竞争的极端观点，而是把市场结构划分为不同类型，同时分析了不同市场结构对竞争程度及后果的不同影响，可以看做市场结构—市场行为—市场绩效范式的雏形。

1959年，哈佛学派产业组织理论另一学者贝恩出版了代表作《产业组织》，在该著作中，贝恩充分表达了其从市场结构推导竞争结果的结构、绩效的两段论范式。后来，谢勒尔在贝恩两段论范式的基础上，采纳了各种批评意见，发展而成现代产业主流产业组织理论中流行的市场结构、市场行为、市场绩效三段论范式。

哈佛学派的产业组织理论，以新古典学派的价格理论为基础，在承袭前人一系列理论研究成果的基础上，构造了一个市场结构(Market Structure)—市场行为(Market Conduct)—市场绩效(Market Performance)的分析框架，简称SCP分析框架。其核心理论是“集中度-利润率”假说，该假说建立在贝恩对美国制造业的实证研究的基础上。贝恩调查了美国制造业的42个产业，依据集中度的大小，将它们分为两组；一组是CR_8(最大8家企业市场集中度)大于70%的21个产业，另一组是CR_8小于70%的21个产业。结果发现，这两个不同集中度的产业群之间存在明显的利润差异，前者利润平均为11.8%，而后者只有7.5%。对于这种差异，哈佛学派认为，是由于集中度的市场结构导致了削弱竞争的市场行为，如企业间的共谋、协调行为以及通过高进入壁垒限制竞争的行为，从而产生高额利润的结果。贝恩解释道，如果存在集中的市场结构，厂商就有可能成功地限制产出，把价格提高到正常收益以上的水平。因而哈佛学派认为，集中的市场结构（如寡占或垄断的市场结构）必然导致削弱竞争的市场行为，从而产生高额利润，破坏资源的配置效率。

哈佛学派的产业组织理论具有以下重要特征：第一，以产业内企业之间的组织关系为研究对象，主要是企业之间的竞争与垄断关系。第二，将市场结构作为研究中心。哈佛学派认为，结构、行为、绩效之间存在因果关系，即市场结构决定企业行为，而企业行为决定市场运行的经济绩效。正因为这样，该学派又被称为结构主义学派。第三，产业组织合理化的评价特别强调完全竞争标准和平均利润率。他们将市场中企业数量的多寡作为衡量相对效率改善程度的尺度，认为随着企业数的增加，完全竞争状况的接近基本就能实现较为理想的资源配置效率。第四，在公共政策上，积极主张政府采取企业分割、禁止兼并等直接作用于市场结构的公共政策，以恢复和维护有效竞争的市场秩序。第五，在研究方法上，偏重于实证研究。

（2）非正统的芝加哥学派[67]

非正统的芝加哥学派代表人物有施蒂格勒、德姆塞茨、布罗茨恩、波斯奈等。1968年，施蒂格勒的名著《产业组织》一书问世，标志着芝加哥学派在理论上的成熟。芝加哥学派产业组织理论在理论上继承了芝加哥学派传统的经济自由主义思想和社会达尔文主义，信奉自由市场经济中竞争机制的作用，相信市场力量的自我调节能力，认为市场竞争过程是市场力量自由发挥的过程，是一个适者生存，劣者淘汰，即所谓“生存检验”的过程。

芝加哥学派在高集中度市场结构具有高利润究竟来自垄断势力，还是来自大企业高效率方面，与哈佛学派有很大争议。他们认为，只要不存在政府的进入规制，源于集中度的高利润率会随着企业的进入而下降，因此，一个企业持续的高利润完全可能是该产业中企业高效率和创新的结果[68]。同时，该学派还认为，在SCP分析框架中，不是市场结构决定市场行为，市场行为再决定市场绩效，而应该是市场绩效和市场行为决定市场结构。

（3）新奥地利学派[69]

新奥地利学派的产业组织理论是建立在门格尔、庞巴维克创始的奥地利经济学派的传统思想和方法之上的。其代表人物是米赛斯、哈耶克、柯兹纳、里奇等人。哈耶克指出，完全竞争概念的问题在于它描述了一个均衡状态，却不谈导致均衡的竞争过程。新奥地利学派指出，新古典主义完全竞争模型的基本前提是市场参与者都具有充分掌握各种市场信息和知识的能力与条件，而不存在不确定性，即所谓“信息的完全性”。然而，在现实的经济活动中，无论是政府，还是个人，都不可能掌握完备的知识和信息，这不仅因为知识和信息是分散在千万人的脑海中，同样因为这些知识和信息是千变万化的。这种不确定性使得完全竞争模型无法用来揭示现实的市场经济。只有通过竞争的市场，才能实现。

（4）新制度学派[70]

20世纪60年代，一些研究组织的学者独树一帜，从新的角度进行了产业组织理论的研究，逐渐形成了新制度学派的产业组织理论，代表人物是威廉·姆森、科斯、贝利等。早在1937年，科斯在其著名的《企业的性质》一文中，指出企业与市场是两种可以相互替代的生产协调手段。1985年，威廉·姆森出版了《资本主义经济制度：企业、市场和关联合约》一书，对交易费用经济学的理论体系、基本假说、研究方法和研究范围作了系统的阐述[71]，建立起比较系统的新制度学派产业组织理论。

现代企业理论包括交易费用理论和代理理论。前者着重研究企业与市场的替代关系，即“纵向一体化”问题；后者侧重于分析企业内部组织及企业成员之间的代理关系，即“横向一体化”问题。

他们的一个共同核心观点是把企业看做一系列（不完全）契约（合同）的有机组合，是人们之间交易产权的一种方式。他们强调企业的契约性、契约的不完全性，以及由此导致的企业所有权的重要性。

新制度学派的特点在于它引入了交易费用理论，用于说明企业与市场的边界关系，从而彻底改变了只从技术角度考察企业和只从垄断竞争角度考察市场的传统观念。指出：要提高社会资源配置效率，必须尽可能地降低交易费用。

（5）后起国家的产业组织理论

人们根据各自国家所处的不同情况，发展了后起国家的产业组织理论。其产业组织理论观点和政策着重解决本国的问题，比如德国古典经济学家李斯特创立的“幼小产业保护论”。该理论认为，由于大量生产体制所导致的规模经济性已经成为现代经济竞争力的重要源泉，在国际自由贸易中，先进国家与后进国家处于不平等地位，后起国家应该通过适当的贸易保护和实施积极的扶持政策来促进本国幼小产业的成长，迅速提高国际竞争力[72]。

另外，第二次世界大战后的日本为迅速培育起能与先进国家相抗衡的国际力量曾采取一系列保护和扶持本国幼小产业的产业政策，实施了大公司战略、大集团战略和在专业化协作基础上的大、中、小企业协调发展战略[73]。

2.3.2 国内学者对产业组织理论的研究现状

（1）国内产业组织理论的研究

我国产业组织理论的研究从1978年以后才逐步发展起来，但多以翻译和介绍西方产业组织理论为主。如易家祥在1980年翻译出版了美国W.C.谢佩德的《市场实力与经济福利导论》；1985年世界银行经济发展学院和清华大学经济学院联合举办经济管理讲习班，编印了《产业组织经济学》，比较系统地介绍了西方产业组织理论；1988 年，翻译出版了日本学者植草益的《产业组织论》，这是国内第一本系统地介绍国外产业组织理论的译作，虽然篇幅不大，但结构框架比较完整。然后国内又陆续翻译出版几本西方学者研究产业组织的著作，如 K.W. 拉克森和 R.L. 米勒的《产业组织：理论、证据和公共政策》，D. 卡尔顿和 J. 佩罗夫的《国内产业组织》，J. 施蒂格勒的《产业组织与政府管制》等。上述著作的翻译出版推动了我国产业组织理论的研究。

90 年代后，我国经济转型过程中暴露出西方市场经济国家出现过的有关产业组织的现象和问题，为我国产业组织研究提供了有利的条件。因此，这一时期的研究相对活跃，出现了一批分析比较规范的研究成果。陈小洪、金忠义主编的《企业市场关系分析—产业组织理论及其应用》[74]，这是国内学者编著的第一本系统地介绍产业组织理论和国外产业组织状况的专著。1993 年，马建堂出版了《结构与行为——中国产业组织研究》，他在书中计算了我国十大行业的市场集中度与行业利润率，并把两者作了比较。结果显示，在市场化程度较高的产业中，集中度高对应着利润率高，但在市场化集中度低的产业，这种对应关系不明显[75]。1998 年，李悦出版了《产业经济学》一书，指出：自改革开放以来，我国产业组织的宏观政策与调控，以及市场环境都发生了很大的变化，产业组织自身的状况也随之发生了一系列的变化。同时还指出，当前我国产业组织存在以下问题。①生产的集中度过低，从而导致一系列不良后果；第一，阻碍了国家对宏观经济的有效调控和干预；第二，造成了行业内的过度竞争；第三，生产集中度过低使企业处于规模不经济状态，影响了降低成本、提高产品质量、提高劳动生产率和市场竞争诸能力的提高。②企业生产规模偏小。与集中度相联系的另一个问题是企业生产规模普遍偏小，既影响了投资的效益，也影响了工业品产量的增长速度。③小企业的发展没有纳入专业化分工的轨道。④行政市场垄断严重[76]。1999 年，我国学者金碚在其编著的《产业组织学》中，将体制因素包括在产业组织的研究框架内，试图建立一个包括体制因素在内的新分析范式，是我国产业组织理论研究的一大特色与创新。在书中，他全面考察了我国的产业管理制度、劳动人事制度、流通体制、金融体制、外贸体制对产业组织的影响，使产业组织学的分析范式更加完善[77]。

（2）国内对房地产产业结构的研究现状

房地产产业结构是指房地产业内部各部门之间、各构成要素不同层次之间的量的比例和质的相互结合、相互依存的关系，主要包括房地产业内部的经济结构、企业组织规模结构、产品结构、投资融资体系、企业管理、市场体系结构等[78-79]。我国房地产业的发展经历了计划经济—计划与市场相结合—市场经济的阶段，经济学者对房地产市场结构的关注也比较密切。从经济学的角度来看，市场结构属于产业组织学的研究范畴，通常定义为对某一特定产业内部竞争程度和价格形成产生战略性影响的市场组织的特征[80]。周京奎给出的概念更为清晰：房地产业市场结构是指房地产业内部企业间在数量、规模上的关系，以及由此而形成的产业内部竞争和价格形成的市场组织特征[81]。市场结构的过于分散可能形成一种过度竞争，造成资源过于分散使用，利用效率低下；而市场过于集中，少数占市场支配地位的“大厂商”则可能缺乏潜在竞争压力，而通过自身的垄断地位获取长期的高额垄断利润，损害消费者利益，造成社会总福利的损失。

申立银等认为，房地产业结构对房地产业的促进作用主要从局部结构与整体结构的平衡、静态结构与动态结构的均衡、供给结构与需求结构相适应三个方面体现[82]。针对2002—2003年引起众多学者、房地产业界人士关注的“房地产泡沫”，刘福垣从房地产业结构的角度进行分析，认为产生的根源是房地产商品化、资本化过程中要素和产品流通体制存在问题，现行房地产流通体制与我国房地产业为工业化、城市化服务的基本功能及房地产产权结构特性发生背离[83]。

总体而言，目前国内对产业组织问题的研究还比较薄弱，在研究内容和研究方法上，存在许多不足，研究过于重视产业结构而没有深入到产业组织中，内容过于庞杂，思路与结构不够清晰，对具体产业的结构及行为的研究以及可能产生的后果研究的更少。

2.4 风险理论研究综述

2.4.1 风险的含义及特征

（1）风险的含义

通常意义上的风险是指人们因为对未来行为的决策及客观条件的不确定性而可能引起的后果与预定目标发生多种负偏离的综合。一般而言，在未来的活动或事件中，其后果有多种可能，各种后果出现的可能性（即概率）的大小是不一样的，可以简单地认为风险是某种不利事件或损失发生的概率及后果的函数。

关于风险的定义，国内外学者的阐述不尽一致。1895 年，美国学者海斯首先从经济学意义上提出风险定义，认为风险是损失发生的可能性；1921 年，奈特在其经典性名著《风险，不确定性与利润》中指出，风险是概率估计的可靠性以及因此将它作为一种可保险成本处理的可能性；而风险定义较普遍地被学术界所接受的还是美国学者 A. 威廉斯的“结果变动说”，即在某个特定状态下和特定时间内可能发生的结果的变动。也就是说，只要某项活动的未来结果有两种或两种以上，就是风险，即未来的结果的不确定性。而国内学者姜青舫在他的《风险度量原理》中，把风险定义为：“在以特定利益为目标的行动中，若存在与初衷利益相悖的可能损失即潜在损失，则由该潜在损失所引起的对行为主体造成危害的事态，便称做该项行动所面对的风险，简称该项行动风险。”[84]国内另一位风险理论研究专家王洪波认为，“风险是一种主观预期与未来实际背离而产生变异的结果”[85]。归纳起来，迄今为止，对风险的理解大致有以下三种。

① 把风险理解为结果的不确定性。这种观点认为，风险是一种不确定性，与结果不确定性没有本质的区别，如A. 威廉斯的“结果变动说”。

② 把风险理解为既定条件下受伤害或损失的可能性，如海斯对风险的定义。

③ 把风险理解为结果对期望的偏离，如国内学者王洪波的观点。

不同学者从不同角度提出了自己的风险概念，可见，风险在一定的程度上还是一个主观认知和评价的范畴。我们在这里所强调的风险，是指作为主体的人或社会所面临的风险。因此，人的主观性（如认知和态度等）也是风险的一部分。王洪波的定义在一定程度上体现了风险的主观性。在定义中强调“主观预期”就含有主体的认知、态度、价值观的成分。

（2）风险的特征

综合上述分析，本书认为：风险是在有目的的行为过程中，主体对造成产生与期望不一致结果，并损害主体效用的可能性的体验。它包含以下几个特征。

① 意识性。风险必须是被行为主体意识到的。若行为主体并未意识到一种客观存在的潜在危害，则对行为主体来说，该行为是无风险的。同时，由于不同的人对不同的事件有着不同的认识，因此，对同样的潜在损失，不同主体具有不同的价值衡量，体现在定义中，就是“主体效用”。

② 潜在性。风险是行为主体未来的一种损失状态，它是指向未来的，而不是现在。

③ 不确定性。所谓风险，就是一种不确定性，它是否从潜在

性变为现实性是不确定的，既可能发生，也可能不发生。

④ 损害性。风险发生的结果往往是对行为主体某种形式的损害，或是有形的，如资金损失；或是无形的，如名誉受损。

2.4.2　风险的辨识及常用的方法

（1）风险的辨识[86]

风险辨识也称为风险识别，即对风险作出认定和鉴别，找出风险所在和引起风险的主要因素，并对其后果作出定性估计。从原则上，风险辨识可以从原因推测结果，也可以从结果反过来查找原因。从原因推测结果，就是先找出项目会有哪些事件发生，发生后会引起什么样的后果。例如，房地产项目进行过程中，中央银行的利率会不会变化，利率提高和降低两种情况各会引起什么样的后果。从结果找原因，就是从所得到的结果反推项目发生的事件中，哪些过程、因素会导致这样的结果。风险辨识的目的就是合理地缩小风险因素的不确定性，寻找风险的主要因素，为决策者提供最适当的风险对策。

（2）风险辨识的方法

① 分解法。其原则为化大系统为小系统，将复杂事物分解成较简单且易被认识的事物。具体步骤为：首先将项目按照类别和层次分解成若干个子项目，找出它们各自存在的风险因素然后进一步分解子项目，层层分解，直至能基本确定全部风险因素为止；最后进行综合，绘出分解图。

② 专家调查法。该方法是基于专家对风险的认识水平高于一般人的基础之上，通过提出问题，交由专家进行判断，然后对调查结果进行统计、分析，从而得出识别的结论。有专家个人判断法、头脑风暴法、德尔菲法等。德尔菲法运用比较广泛、有效。

③ 财务报表分析法。它是以企业的会计记录和财务报表为基础，将每一会计科目作为一风险单位进行分析，并发现可能存在的

风险，然后进行汇总，得出结论的方法。

④ 流程图法。它是根据项目经营活动，建立一系列流程图，通过对流程图的分析，揭示项目全过程中的“瓶颈”分布位置及影响，从而识别可能存在的风险。

⑤ 故障树分析法。故障树主要用于直接经验较少的风险识别，能够比较全面地分析整个项目系统内外的故障原因和时效机理。其缺点是对较大的系统容易产生遗漏和错误。

⑥ 对照表法。由于人们常采用联想的方式思考问题，在过去经验的启示下，思想常常变得很活跃，浮想联翩。风险识别实际是关于将来风险事件的设想，是一种预测。如果把人们经历过的风险事件及其来源罗列出来，写成一张对照表，那么项目管理人员看了就容易开阔思路，容易想到本项目会有哪些潜在的风险。对照表可以包含多种内容，如以前所做项目成功或失败的原因、项目其他方面规划的结果、项目产品服务的说明书、项目班子成员的技能、项目可用的资源等。还可以到保险公司索取资料，认真研究其中的保险例外，这些东西能够提醒还有哪些风险尚未考虑到。

⑦ 幕景分析法。这种方法的优点是在若干个较为关键的风险因素共同作用时，可以利用这种方法为决策者详细地描述出不同情况下事物发展的过程和大致结局，以便决策者进行准确的选择。缺点是对整个项目系统风险的整体考虑具有较大的局限性。

⑧ 筛选—监测—诊断技术。

第一，筛选。根据项目自身的特点，制定某种工作程序，将具有潜在危险的影响因素进行分类、选择的风险辨识过程（仔细检查—征兆鉴别—疑因估计）。

第二，监测。对应于某种险情及其后果，进行监测、记录和分析显示的过程（疑因估计—仔细检查—征兆鉴别）。

第三，诊断。根据症状或其后果与可能的起因等关系进行评价和判断，找出可疑的起因并进行仔细检查（征兆鉴别—疑因估计—

仔细检查）。

以上方法各有特点，识别的准确性和索取花费的精力也不尽相同，识别者需要针对具体情况，选择其中一种或几种的组合。

2.4.3 风险评价的目的及风险评价方法

（1）风险评价的目的

风险评价一般有以下几种目的。

① 对项目诸风险进行比较分析和综合分析，确定它们的先后顺序。

② 挖掘项目风险间的相互关系。虽然项目风险因素众多，但这些因素之间往往存在内在的联系。表面看起来毫不相干的多个风险因素有时是由一个风险源造成的。

③ 综合考虑各种不同风险之间相互转化的条件，研究如何才能化威胁为机会，明确项目风险的客观基础。

④ 进行项目风险的量化研究，进一步量化已识别风险的发生概率和后果，减少风险发生概率和后果估计中的不确定性，为风险应对和监控提供依据与管理策略。

（2）风险评价的方法

风险评价方法一般可以分为定性、定量、定性与定量相结合三类。有效的项目风险评价方法一般采用定性与定量相结合的方法。

对项目进行风险评价的方法很多，常用的有主观评分法、决策树法、层次分析法、模糊风险综合评价、故障树分析法、外推法和蒙托卡罗模拟法。

本书将借助产业组织理论的分析方法，以产业组织理论中市场结构、市场行为和市场绩效及三者之间的关系作为理论框架，对我国房地产业的市场结构、企业行为及市场绩效进行深入的分析，揭示市场结构与市场绩效的关系，并分析市场结构及市场行为导致房地产市场风险的成因，从而为进一步研究市场风险打下基础。

3 房地产市场结构的分析及研究

3.1 市场结构理论概述

3.1.1 市场结构的概念及构成要素

市场结构指在特定行业中，企业与企业之间在数量、规模、份额等方面的各种关系及由此决定的竞争形式的总和。市场结构集中体现了市场的竞争和垄断程度，是产业组织理论最基本的一个概念，是产业组织研究的起点和重点。在主流产业经济学的SCP框架中，市场结构是影响企业行为，进而影响市场绩效的重要因素。

决定市场结构的因素主要有供应者的数量、规模，市场份额，市场集中度，产品差别，进退壁垒。前两个因素主要说明特定市场中企业间的相互关系或特定市场的规模、数量分布特征，后两个因素主要说明市场中企业与市场外潜在的竞争企业的关系。此外，还包括市场需求的增长率、市场需求的价格弹性等，这些因素不仅影响市场结构，而且相互影响。在这些因素中，市场份额是形成市场结构的基础，市场集中度、规模经济、产品差异化、行业壁垒是影响市场结构的重要因素。

3.1.2 市场集中度

3.1.2.1 市场集中的分类

市场集中是指市场中卖方、买方的数目及其相对规模（市场占有率）的分布，是反映市场竞争程度的一个概念，是决定市场结构的主要因素[87]。按照分析对象，市场集中可以分为卖方集中和买方集中。卖方集中是指市场中卖方的数目及相对规模分布，买方集中是市场中买方的数目及其相对规模的分布。按照分析范围，市场集中可以分为行业集中和一般集中，行业集中研究特定行业市场集中的状况，一般集中研究整个市场（国民经济）的集中状况。本书把房地产业提供住房、服务等作为对象，研究其卖方集中状况。

3.1.2.2 市场集中度

市场集中度是反映市场集中程度的指标。衡量一个市场集中度高低，主要有绝对法和相对法。前者包括行业集中度指数、海纳一凯指数和熵指数，后者包括赫芬达尔指数、洛伦兹曲线和基尼系数。绝对法主要反映领先企业的集中程度，而忽略了整个市场中所有企业的数量和规模不均衡的程度。相对法虽然较好地反映了该市场企业规模的差异程度，却没有顾及领先企业的集中程度。下面简要介绍最常用的衡量集中度的指标。

（1）集中度

集中度反映市场中规模最大的前几位企业的市场占有份额，其计算公式为

$$CR_n = \sum_{i=1}^{n} \frac{x_i}{X} = \sum_{i=1}^{n} S_i$$

式中：X——该市场的总销售量；

x_i——该企业的销售量；

n——前几位大企业的数目；

S_i——第 i 个企业的市场占有份额。

企业规模的衡量指标不同，集中度也不同；选用的企业数 n 不同，集中度也会发生变化；n 的取值取决于计算的需要。在其他条件一定时，n 越大，CR_n 也越大；在 n 值取定时，CR_n 越大，说明大企业所占市场份额越多，该行业的垄断程度也越高。

(2) 赫芬达尔指数 (Herfindal Index)

赫芬达尔指数是所有企业的市场占有率的平方和。该指标综合反映了所有企业的规模分布，其计算公式为

$$HHI = \sum_{i=1}^{n}\left(\frac{x_i}{X}\right)^2 = \sum_{i=1}^{n} S_i^2$$

式中：X——该市场的总销售量；

x_i——该企业的销售量；

n——行业中企业总数；

S_i——第 i 个企业的市场占有份额。

H 值取值在 0 到 1 之间，越接近于 1，表示市场垄断程度越高，$H=1$ 表示完全垄断市场；H 值越趋近于 0，表示市场竞争程度越高，$H=0$ 表示完全竞争市场。用 H 值反映市场集中度有两个好处：一方面，不受 n 值选取的影响，能完整地反映整个市场垄断竞争程度；另一方面，由于平方的放大作用，H 值对规模较大企业市场份额变化十分敏感，能够较好地揭示出领先企业对整个行业结构的影响。由于 H 指数数值通常很小，在实际应用中，一般对其乘以 10000 处理。

(3) 洛伦兹曲线和产业基尼系数

洛伦兹曲线最初用于分析收入与财富的分布，后来被推广应用到产业相对集中度的分析和计量上。如图 3-1 所示，横轴表示企业数，企业从小到大，按照顺序排列；纵轴表示企业市场占有份额累计百分比。将企业累计百分比连接起来，即成洛伦兹曲线。当市场所有企业份额相等时候，洛伦兹曲线即成对角线，表示均匀分布。一般情况下呈现一条曲线，弯曲程度越高，表示企业市场份额分布越不均匀。

基尼系数是意大利经济学家基尼于 1922 年提出的定量测定收入分配差异程度的指标。它的经济含义是：在全部居民收入中，用于不平均分配的百分比。基尼系数最小等于 0，表示收入分配绝对

平均；最大等于1，表示收入分配绝对不平均；实际的基尼系数介于0和1之间。联合国有关组织规定：低于0.2表示收入高度平均，0.2～0.3表示比较平均，0.3～0.4表示相对合理，0.4～0.5表示收入差距较大，0.6以上表示收入差距悬殊。把基尼系数用于分析产业中企业之间的分布均匀程度，将其称为产业基尼系数。

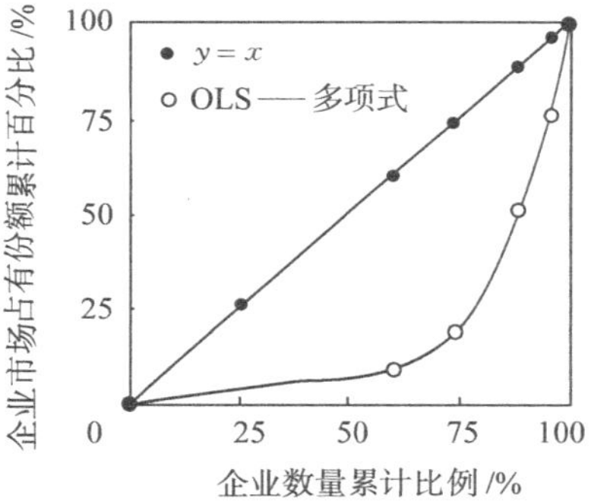

图 3-1 洛伦兹曲线

产业基尼系数实质上是洛伦兹曲线的数学表达式，数值上等于对角线和洛伦兹曲线围成面积与对角线下三角形面积之比。该系数越大，表示企业市场分布越不均匀，反之相反。

3.1.3 规模经济和范围经济

（1）规模经济

所谓规模经济，是指随着生产能力扩大，平均费用降低、利润上升所带来的经济利益。如图3-2所示，在短期内，厂商不能调整生产规模，平均费用表现为短期平均成本曲线SAC。但就长期而言，厂商能增加不变要素的投入，能扩大生产规模，这时的平均成本表现为长期平均成本曲线LAC。LAC通常表现为一条“U”形曲线，表明存在一定规模区间，此时生产平均成本最小，未达到或者超过这一规模时，生产成本都较规模经济区间生产成本高。按照组织的范围，规模经济可以分为工厂规模经济和企业规模经济。前者指在生产过程中由于生产规模扩大而带来的经济利益，具体表现为生产设备、生产化分工、建设费用、联合生产、综合利用等。后者指生产经营过程以外的经营管理活动所表现出来的经营规模经济，表现在采购、销售、融资环节以及大规模管理和强大社会影响力方面。

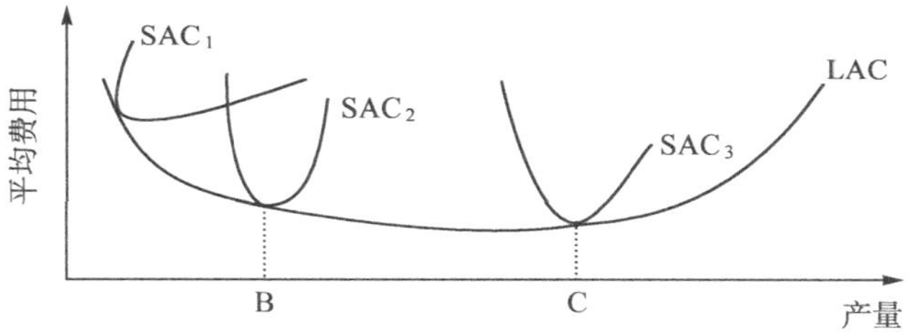

图 3-2　规模经济：产量-费用关系曲线

（2）范围经济

范围经济是指由于经济组织的生产或者经营范围的涨缩，导致平均成本升降的状况。凡是由于扩大生产或经营范围导致平均成本降低的，就称为具有范围经济或称为具有范围经济性。凡是在范围扩大之后，出现平均成本不再降低，甚至反而升高情况的，就称为缺乏范围经济或者范围不经济。以一个经济主体在生产过程中对一体化经营和专业化经营的选择对比加以说明。例如，有一企业生产并销售产品B，而生产产品B需要产品A作为原料，则该企业要获得原料A，有两种途径：一是在市场中购买获得，二是企业内部生产，即该企业既生产A又生产B。当A和B两个基本单位之间的交易关系由市场交易关系转变为企业内部交易关系时，这一过程称为一体化；相反，则称为专业化。因此，专业化的选择意味范围缩小，一体化的选择意味范围扩大。

3.1.4 进退壁垒

（1）进入壁垒

作为进入壁垒研究之父的贝恩，对进入壁垒的研究多是从经济角度展开的，他在《新竞争壁垒：其特征及其在制造业引起的后果》中，将进入壁垒定义为：使潜在进入者处于与已存厂商相比不利竞争地位和使已存厂商能长期获取常态利润的因素[88]。而斯蒂格勒（Stigler，1968）的定义更为狭窄。他认为进入壁垒是一种生产成本，这种成本是打算进入这一产业的厂商必须负担的，而已在该产业内的厂商无需负担。在斯蒂格勒看来，规模经济、必要的资本量和产品差异都不能算进入壁垒；但他突出了政府管制构成壁垒的作用。

本书认为，不能仅从经济学的角度考虑进入壁垒的问题，还应该包括政策、法律和技术等非经济因素。所以，在此按照造成进入壁垒的主体因素，将其划分为结构性进入壁垒、行为性进入壁垒和政策法律性进入壁垒。结构性进入壁垒是客观性的进入壁垒，由进入的目标市场中已经形成的市场结构和竞争格局等客观因素形成，主要包括绝对成本优势、规模经济、必要资本和产品差异四种。行为性进入壁垒大多是作为市场竞争主体的在位企业为阻止潜在竞争对手的进入或打击新进入者而主动采取的策略性行为所形成，主要包括阻止对手行为和驱逐对手行为。而政策法律性进入壁垒则是以管制身份出现的政府为保护现有的市场结构或扶持特定产业所制定的法律法规。

（2）退出壁垒

退出壁垒指企业从原来的市场退出（企业破产或向其他行业转移）所遇到的种种障碍。退出壁垒一般表现在以下四个方面。

① 沉没成本壁垒。沉没成本是指已经形成资产而无法回收的费用，往往与资产专用性相联系。一般说来，固定资产专用性强，当企业从该行业退出时，这些资产难以转让，从而使企业遭受损

失。沉没成本越高，退出壁垒也较高。

② 结合生产壁垒。在化工石油等从事纵向一体化生产的企业，由于产品在工艺上密不可分，关联性较强，即使产品链中某一产品的市场需求衰退，企业也不大可能从该产品市场退出。

③ 解雇费用壁垒。企业从市场中退出时，解雇职工需要支付退休金、解雇工资，这些费用构成解雇费用壁垒。解雇费用越高，越难退出。

④ 政策法规壁垒。政府出于稳定供给的考虑，对于某些行业用政策法规手段限制企业退出，如政府对公益性或自然垄断行业退出的规制。

（3）市场壁垒的度量及判别标准

① 价格费用法（见表3-1）。这种方法由贝恩最早提出，根据产品的销售价格与平均成本的差异来衡量市场壁垒的高低，是衡量市场壁垒高度最重要的方法，如表3-1所示。壁垒值

$$\eta=(P-AC)/P$$

式中：η——市场壁垒的度量值；

P——产品销售价格；

AC——产品的平均成本。

表3-1　　价格费用法

层　次	项　目	
	$(P-AC)/P$	新企业进入难易程度
高壁垒产业	>10%	极难进入
较高壁垒产业	>6%～8%	很难进入
中等壁垒产业	>4%	较难进入
低壁垒产业	>1%～2%	较易进入

资料来源：贝恩《产业组织学》（1968年第1版），转引自方甲主编《产业组织理论与政策研究》，中国人民大学出版社，1993年版，第381页。

② 经济规模比例法。该方法是针对规模经济壁垒的。规模经济壁垒可以用最小有效规模 *MES*（Minimum Effective Size）占生

产总规模 QM（Quantity of Manufacture）的比例来衡量。公式为

$$D = MES/QM \times 100\%$$

贝恩和植草益分别用此方法分析了美国和日本多个产业的规模比例，据此提出了判别规模经济壁垒的标准，如表 3-2 所示。

表 3-2　　规模经济壁垒的判别标准

壁垒高低	判别标准	
	贝恩的标准	植草益的标准
较高	$D \geq 10\%$	$10\% \leq D < 25\%$
中等	$5\% \leq D < 10\%$	$5\% \leq D < 10\%$
较低	$D < 5\%$	$D < 5\%$

资料来源：方甲主编《产业组织理论与政策研究》，中国人民大学出版社，1993 年版，第 380 页。

3.1.5 产品差别

（1）产品差别的含义

产品差别又称产品差异，是指同一行业市场内各企业提供的产品具有的不完全替代性或者特定企业的产品具有独特的可以与同行业其他企业产品相区别的特点[78]。这种差别化具有能引起消费者偏好的特殊性和不同企业产品的替代性，从而带来市场的不完全竞争。产品差别化越来越成为企业非价格竞争的重要手段。

（2）产品差别的分类

按照形成产品差别的原因来划分，可以分为两类：一类是客观的产品差别，另一类是主观的产品差别。客观的产品差别主要包括产品的物理性差别，如用途相同的商品在外观、设计、结构方面的差别，地理位置差别，附带服务差别。主观性差别主要包括买方的主观差异、买方的知识差异、买方的习惯差别和卖方广告宣传等诱导性促销造成的差异。在不同的行业中，产品差别化的表现程度不同，初级和中间产品行业、投资品行业、耐用消费品行业、非耐用消费品行业产品差别化的程度依次递增。

（3）产品差别的影响

产品差别对商品价格的形成、市场行为、市场结构、进入障碍和市场绩效均有着不同程度的影响，其中产品差别化对市场结构的影响是多方面的，大企业通过产品差异化扩大市场份额，使市场集中度上升；小企业运用产品差异化扩大市场份额，使市场分散。从总体上讲，产品差别化使市场集中度上升。

（4）产品差别的度量指标

① 需求交叉弹性法。产品差别可以用需求交叉弹性度量。其计算公式为

$$E_d=\frac{\Delta Q_x/Q_x}{\Delta P_y/P_y}$$

其中 X，Y 代表两种商品，P，Q 表示商品价格和需求量。$E_d>0$ 和 $E_d<0$ 分别表示两种商品存在替代和互补关系。不同企业的交叉弹性越大，说明产品差别越强；而产品差别性越强，企业对其产品的控制度越高，越易于形成垄断，获取超额利润。

② 广告密度法。广告形成并强化消费者对产品的偏好，是实现产品差别化的重要手段，对企业利润和行业集中度都会产生影响。广告密度法就是根据广告密度（企业广告费总额与销售总额之比）来间接反映企业间产品的差异程度，如表 3-3 所示。具体公式为：

$$广告密度=AD/SL$$

其中，AD 为企业广告费总额；SL 为企业销售总额。

表 3-3 广告密度法

产品差别程度	广告密度（AD/SL）
Ⅰ型：很高产品差别	$AD/SL\geqslant 3.5$
Ⅱ型：高产品差别	$1.0\leqslant AD/SL<3.5$
Ⅲ型：中等产品差别	$0.5\leqslant AD/SL<1.0$
Ⅳ型：低产品差别	$AD/SL<0.5$

资料来源：方甲主编《产业组织理论与政策研究》，中国人民大学出版社，1993 年版，第 378 页。

3.1.6 市场结构的分类

（1）贝恩的分类方法

此种方法由产业组织学的奠基人之一贝恩提出，这种分类是依据产业内前四位和前八位企业的绝对集中度指标，具体标准如表 3-4 所示。

表 3-4 贝恩的市场结构分类法

类 型	前四位企业市场占有率(CR_4)	前八位企业市场占有率(CR_8)	该产业的企业总数
极高寡占型	75%以上		20 家以内
高度集中寡占型	65%～75%	85%以上	20～100 家
中(上)集中寡占型	50%～65%	75%～85%	企业数较多
中(下)集中寡占型	35%～50%	45%～75%	企业数很多
低集中寡占型	30%～35%	40%～45%	企业数很多
原子型	30%以下	40%以下	企业数极其多，不存在垄断现象

资料来源：贝恩．《产业组织论》，丸善 1981 年版。

（2）越后贺典的分类方法[89]

由于国情不同，各国学者对本国市场结构的分类标准不尽相同。日本著名产业组织学者越后贺典根据贝恩的分类方法和日本产业的具体情况，对市场结构作出以下分类，如表 3-5 所示。

表 3-5 越后贺典的市场结构分类

类 型	CR_n
A 型（极高寡占产业）	$CR_1 \geqslant 70\%$
B 型（高度寡占产业）	$CR_3 \geqslant 80\%$
C 型（中度寡占产业）	$CR_{10} \geqslant 80\%$
D 型（低中度寡占产业）	$CR_{10} \geqslant 50\%$
E 型（低集中产业）	$CR_{10} < 50\%$

资料来源：转引自夏大慰主编《产业组织学》，复旦大学出版社，1994 年版，第 32 页。

（3）赫芬达尔指数分类法[90]

采用集中率 CR_n 指数衡量市场结构，难以反映整个市场的集中程度，相对集中度指标 *HHI* 指数可以对此进行弥补，在以相对集中度为依据的市场结构分类中，日本公正交易委员会发布的分类方法影响较大。如表 3-6 所示。

表 3-6　赫芬达尔指数分类法

市场结构	寡占型				竞争型	
	高寡占Ⅰ型	高寡占Ⅱ型	低寡占Ⅰ型	低寡占Ⅱ型	竞争Ⅰ型	竞争Ⅱ型
HHI 值	*HHI*≥3000	1800≤*HHI*<3000	1400≤*HHI*<1800	1000≤*HHI*<1400	500≤*HHI*<1000	*HHI*<500

资料来源：日本公正交易委员会《日本的产业集中》，转引自毛林根《结构·行为·绩效——中国工业产业组织研究》，上海人民出版社，1996 年版，第 130 页。

3.2 我国房地产业市场结构分析

3.2.1 我国房地产市场结构研究现状

近年来，我国学者对房地产业市场集中度问题进行了一定的研究。总结起来，有两种不同的观点[91-94]。

（1）房地产市场集中度低，不构成垄断

吴拯通过对我国房地产上市公司（深、沪证券交易所前 14 家房地产上市公司）的规模和收益情况进行了市场集中度测算，认为中国房地产业还没有形成规模效应，更谈不上垄断。吴拯认为，造成房地产企业过度进入的原因有旺盛的市场需求、非理性的预期利润率、进入主体多元化、市场发育不完善、市场体系不健全，并运用产业组织学理论构建的市场结构、企业行为和市场绩效的分析框架[95]，对我国房地产市场结构提出了优化措施。周京奎对 1999 年全国房地产行业企业状况进行了分析，当年年底，我国共有房地产企业 25762 家，其中内资企业 21422 家，港、澳、台投资企业 3167 家，外商投资企业 1173 家。在内资企业中，国有企业 7370 家，集体企业 4127 家，企业平均土地开发面积仅为 3617.58 平方米，企业平均规模过小，认为房地产业市场集中度低的状况没有解决。周京奎则认为，产业集中型垄断是我国房地产市场结构优化的必然选择，并运用房地产企业博弈模型，阐述了产业集中型垄断市场结构更有利于房地产企业技术创新[72]。周刚认为，目前我国房地产企业规模过小、产业市场集中度低[71]。根据统计数字，1991 年底全国只有 4200 家开发商，而目前已经达到 4 万～5 万家。从市场集中度来看，我国市场 CR_8 不足 1%，考虑到房地产市场的区域性特点，再考察区域性市场的市场集中度状况。以经济基础较好、市场发展较快的上海和广州为例，其 CR_{10} 的市场份额均低于 20%，2000 年上海房地产“销售百强”销售量不足市场总额的 50%。其他起步较晚的地区，“优胜劣汰”的生存法则还未显现，市场集中度应该更低。周刚又与毗邻的房地产市场发育较早的香港进行横向比较。20 世纪 90 年代中期以来，香港地产市场 CR_{10} 一直稳定在 80%以上。对于企业的规模，我国最大的房地产上市公司万科地产 1999 年资产规模为 40 亿元人民币，净资产为 22 亿元人民币，资产负债率接近 50%。而香港地产的领头羊——新鸿基——同期的净资产为 1300 亿元港币，按当时的汇率计算，是万科的 60 倍；资产规模达到 1800 亿元港币，为万科的 45 倍；资产负债率却仅是百分之二十几。两者之间的差距不可同日而语。

（2）房地产市场是区域寡头垄断市场

与以上观点相对应，部分学者也提出不同的观点。王晓华[96]认为，房地产业的产品有其特性，即在空间上具有不可移动性，所以一个项目一旦完成，就确定了自己所属的市场区域。虽然消费者可以在全国范围内选择产品进行消费，但是产品不具有在全国性范围内流动的特性，这使得市场集中度这一全国性范围的指标失去了意义。即便计算区域集中度，也会因为区域划分的困难和区域内部的不均衡而无法进行。他还认为，在中国的各大城市和中小城市，一般情况下是由一个或几个颇有市场势力的房地产企业控制着本地的主要市场份额，而多数的小企业则在较小的份额中竞争、分羹。因此认为，我国房地产市场是区域性的市场，而各片区作为居住的物质载体，有着不可移植的区域特点，因此在某种程度上，形成了居住的垄断性。这种区位上的垄断性与住宅产品的垄断性，使片区住宅结构处于寡头垄断之中，从而认为我国房地产业属于区域性寡头垄断市场。苗天青[97]认为，由于我国房地产业市场的区域性，房地产开发企业实际上只是与区域内的（相邻的）企业发生竞争，即便是这样，它们也还都有其各自的垄断区域，以及在房地产开发企业的策略性行为对新进入者的“进入阻止”和现有土地出让制度对潜在进入者所形成的进入壁垒，加之房地产产品的完全差别。因此，我国房地产业的市场结构并不是理论界普遍认为的“过度竞争”，而是区域性的寡头垄断。

本书认为，以上针对同样的市场得出的两种截然不同的观点，在于双方看问题的角度不同。前者是从西方产业组织理论的角度来考察我国房地产市场的具体情况，难免存在不切合实际的嫌疑；而后者仅从表面现象分析，从而得出结论，也未免失之偏颇。以下将以理论联系实际，用定性和定量相结合的方法，对我国房地产市场结构进行分析，从而得出结论。

3.2.2 市场结构研究若干指标的分析及改进

3.2.2.1 西方产业组织理论的背景与我国经济发展现状

通过以上综述知道，西方产业组织理论是经过一个多世纪，在经济学家们不断改进、完善过程中发展起来的；其背景是在完全市场经济条件下，对各类产业综合研究得出的结论。而本书研究的着眼点是在我国目前经济发展状况下，对特定的房地产业的市场结构进行分析，这就要求我们必须了解各自存在的前提，才能对研究工作起到指导的作用。如表3-7所示，从1997年至2004年，房地产企业总数不断增大，而国有、集体房地产企业总数却不断减少，国有房地产企业占有率从1997年的60.60%降到2004年的12.09%，这也从另一个侧面验证了我国经济发展阶段的转变。

表3-7　　1997—2004年全国房地产企业分类

年度	企业数量	国企	集体	其他	国有占有率/%
1997	21286	8164	4754	8368	60.60
1998	24378	7958	4538	11882	51.76
1999	25762	7370	4127	14265	44.63
2000	27303	6641	3492	17170	37.11
2001	29552	5862	2991	20699	29.96
2002	32618	5015	2488	25115	23.00
2003	37123	4558	2205	30360	18.22
2004	59242	4775	2390	52077	12.09

数据来源：《中国房地产统计年鉴》。

目前，我国正处于由计划经济向市场经济转化的发展阶段，因此其市场行为不完全遵从于已经发展了一个世纪以上的西方市场经济的特点；而房地产业作为所研究的特定产业，由于具有与一般产业不同的特点，也不能生搬硬套产业组织理论的一些原理。我们所借鉴的是西方产业组织理论的分析方法，结合我国的实际情况，才能得出符合事实的结论。

3.2.2.2 对市场结构研究若干指标的改进

(1) 绝对集中度 CR_n

贝恩通过研究西方产业组织的现状，定义了由产业集中度所判断的市场类型，如表3-4所示。贝恩的市场结构分类法。从表3-4可以看到，贝恩是用产业中居前四位和前八位的企业绝对集中度的大小来定义其所代表的市场结构。不能忽略的是，这个定义具有一定的限制，即定义了该产业的企业总数，如果一个产业的企业总数在20家以内，一是说明该产业一定经过了漫长的发展时间，在优胜劣汰的市场经济下，达到高度的发展；二是说明该产业具有非常高的经济壁垒或政策壁垒，如我国的电信业、银行业等。对于原子型的定义，只考虑产业内的数目，而没有考虑这些企业的分布空间，由此可见其定义不符合我国房地产业的情况，故本书认为，不能用贝恩的这个定义直接分析我国的房地产业市场结构。

正是由于房地产位置的固定性，使得房地产市场具有明显的区域性，而且由于行业发展时间太短以及地方保护主义的影响，开发商的跨地域经营除了极个别初具规模外，大都集中在一个或少数几个地方，全国范围内的市场结构分析并没有什么现实意义。本书认为，考虑一个地区的房地产市场结构类型，应该采用相对的概念，首先考虑该区域房地产企业的总数，然后分析各企业的市场占有率，从而给出适当的相对值来定义市场结构的类型。

本书采用德尔菲法，对房地产市场集中度如何定义市场类型进行了调查、咨询和研究，得出以下结论，如表3-8所示。

表3-8　区域房地产市场结构分类法

类　型	前(5%N)位企业市场占有率($CR_{N\times 5\%}$)	该产业的企业总数
完全垄断	85%以上	N
寡头垄断	60%～85%	
垄断竞争	45%～60%	
完全竞争	45%以下	

定义：设区域房地产企业总数为N，计算总数的前5%企业的市场集中度($CR_{N\times 5\%}$)，并由表3-8判断其区域房地产市场结构类型。

$$CR_{N\times 5\%}=\sum_{i=1}^{N\times 5\%}\frac{x_i}{X}=\sum_{i=1}^{N\times 5\%}S_i \tag{3-1}$$

（2）市场壁垒的度量及判别标准

① 价格-费用法。由贝恩最早提出，根据产品的销售价格与平均成本的差异来衡量市场壁垒的高低，是衡量市场壁垒高低最重要的方法。

设壁垒值为

$$\eta=(P-AC)/P \tag{3-2}$$

式中：η——市场壁垒的度量值；

P——产品销售价格；

AC——产品的平均成本。

式（3-2）是贝恩在完全市场经济条件下得出的结论。同样，我们必须对其进行分析和改进，才能应用到我国的房地产市场。

② 改进价格-费用法。目前，在我国房地产开发市场，主要存在计划经济和市场经济两种开发状态。前者的主要代表是政府机关、事业单位、高等院校及高利润企业等，在住房制度改革之前，大都享受福利分房的优惠政策；目前自主开发房地产，职工享受各种名义的补贴，商品房价格明显低于市场价格，而其开发成本也明显低于市场的平均开发成本。而后者是在完全市场经济条件下开发房地产市场，受到市场供求的影响，其价格和成本都相对较高。因此，在采用价格-费用法研究市场壁垒时，需要对其进行改进，方能符合房地产市场的实际情况。

假设：① 市场经济下房地产平均价格为 P_1，平均成本为 AC_1；② 计划经济下房地产平均价格为 P_2，平均成本为 AC_2；③ 市场价格为 P。则各房地产市场价格可表示为

$$P_1=P$$

$$P_2=P-\varepsilon$$

其中 ε 代表各种福利补贴值，包括工龄补贴值、职位补贴制、原住房折现补贴等。

房地产平均价格为

$\bar{P} = \alpha \times P_1 + \beta \times P_2 = \alpha P + \beta(P - \varepsilon) = (\alpha + \beta)P - \beta\varepsilon = P - \beta\varepsilon$

其中，α 和 β 为市场经济和计划经济下的加权系数。

同理可得房地产的平均成本：

$$\overline{AC} = AC - \beta\gamma$$

其中，γ 表示成本补贴值，包括地价、建安成本、劳动力成本等补贴值。

改进平均壁垒值：

$$\eta = \frac{\bar{P} - \overline{AC}}{\bar{P}}$$

注：α 和 β 为加权系数，不同的区域加权系数值是不同的；计划经济的垄断不能体现市场经济的公平竞争，而完全市场经济却能体现公平的竞争。如：东部沿海地区市场经济发展速度较快，α 值相对较大，而 β 值相对较小；而东北和内地部分地区市场经济发展速度较慢，其加权系数值与前者正好相反。

通过以上分析和研究，本书重新定义我国房地产业市场结构的分类方法，并改进了进入壁垒的度量方法及判别标准。希望以此能够更加准确地对我国房地产市场进行研究和判断。

3.3 区域房地产业市场结构分析

由于房地产自身的特点，全国市场结构的分析意义不大，因此，本书着重对区域房地产的结构状况进行分析，以便找出基本规律，提出对房地产业的发展有益的建议等。

3.3.1 区域房地产市场集中度考察

3.3.1.1 相关问题的说明

首先，对集中度的考察涉及市场范围问题。在产业组织理论中，是通过产品之间需求交叉弹性来确定，房地产业主要存在住宅、商业物业与写字楼三类产品，它们之间并不存在需求的交叉弹性。然而，这并不意味着我们需要对每个具体的物业子市场进行分析。这是因为，房地产开发企业并不存在明显的固定资产投资，物业开发的转向相对便利，因此开发企业的竞争是全方位的。即使有万科以住宅为其核心项目的说法，然而这是在商业服务项目不景气的情况下的决策，这本身属于企业适应市场的一种战略性行为。可以肯定，一旦其他物业市场需求转暖，其开发策略绝对会作出调整。

其次，具体规模变量的确定。从理论上讲，可以是产量、资本、职工人数或者销售业绩。目前，我国经济整体上处于买方市场，房地产业也不例外。因此，通过市场得到了价值实现的生产更能说明问题。因此，对房地产市场集中度的考察，我们选取房地产开发公司的投资总额、销售业绩与销售面积等指标。

3.3.1.2 区域房地产市场集中度分析

市场集中度既是市场结构的重要内容，也是衡量某一行业（市场）竞争程度的主要标志。产业集中度指数的高低直接反映了行业内企业规模的差异程度和企业间的垄断竞争关系，从而极大地影响着行业内企业行为和市场绩效。一般而言，在某一行业（或市场内），企业总数越多，单个企业所占的市场份额越小，该行业的竞争程度越高。处于该行业中的少数几个大企业所占有的市场份额越大，表明该行业的市场集中度越高，大型企业的市场支配能力越强，竞争优势越明显，行业竞争程度就越低。

（1）市场绝对集中度分析

绝对集中度综合反映了企业数量和规模这两个决定市场结构的重要方面。通过它，可以大体划分区域房地产业的竞争程度。

本书以区域房地产的销售额或销售面积作为评价指标，根据重新定义的产业集中度概念进行分析。

首先确定区域房地产企业总数，计算出占其5%的企业数；然后通过查找当年相关的房地产销售业绩，得到前5%企业的市场份额；最后根据式（3-1）计算区域房地产的绝对市场集中度$CR_{N\times5\%}$值。

根据集中度的数值和表3-8判断该区域房地产的市场类型，分析其市场特征。

（2）市场相对集中度分析

前面用CR_n指数测定市场集中度，在数据获得和计算方面，简单易行，但却没有说明这些企业在市场上所占份额在其内部是如何分布的，也没有表明其余数额分布在多少家企业中，它们各占份额如何。相对集中度指数则较好地克服了CR_n的不足。相对集中度是反映某一特定产业内市场上所有企业的规模分布状况的市场集中度指标。本书选用洛伦兹曲线和产业基尼系数的方法，分析区域房地产市场的相对集中度情况。

通过区域房地产的洛伦兹曲线，可以反映行业内全部企业市场规模的分布情况。洛伦兹曲线横轴表示市场中由小到大企业数目的累积百分比，纵轴表示这些分类企业的年产值占行业总年产值的累积百分比。若所有的企业规模完全相同，也就是说，全体企业平均分配房地产市场，则洛伦兹曲线是一条均等分布的对角线。当企业的规模不完全相同时，洛伦兹曲线是对角线下方的一条曲线。

一般来说，曲线越偏离对角线凸向右下角，表明企业规模分布的不均匀度越大，换句话说，就是市场集中度越高。产业基尼系数建立在洛伦兹曲线的基础上，等于对角线与洛伦兹曲线之间的面积与对角线下三角形面积之比，它反映了行业内部企业规模分布的不均匀程度。产业基尼系数的值在0～1之间变动，当产业基尼系数趋向于0时，洛伦兹曲线与对角线重合，表明所有企业规模完全相同，当产业基尼系数趋向1时，表明企业的规模分布越来越不均等。

① 区域房地产业洛伦兹曲线。以某区域房地产企业按照当年注册登记等级和当年完成房地产销售面积为基础数据，对区域房地产业相对集中度总体进行分析。

因为注册登记等级与注册资金正相关，即等级愈高，注册资金愈高，所以，此以等级由低到高为标准，近似看做企业由小到大企业数目的累计为横坐标；相应房地产完成投资总额累计为纵坐标，得到洛伦兹曲线实例如下。

表 3-9　区域房地产业相对集中度

规模划分	企业			年完成销售面积/万平方米		
	数量/个	比例/%	比例累计/%	面积/万平方米	比例/%	比例累计/%
其他	150	18.82	18.82	66.41	10.17	10.17
四级	435	54.58	73.40	221.97	39.36	49.53
三级	117	14.68	88.08	105.87	18.77	68.30
二级	60	7.53	95.61	103.35	18.32	86.62
一级	35	4.39	100.00	75.50	13.38	100.00
累计	797	100.00	100.00	573.10	100.00	100.00

资料来源：《中国房地产统计年鉴》。

由表 3-9 数据画出区域房地产业洛伦兹曲线，如图 3-3 所示。

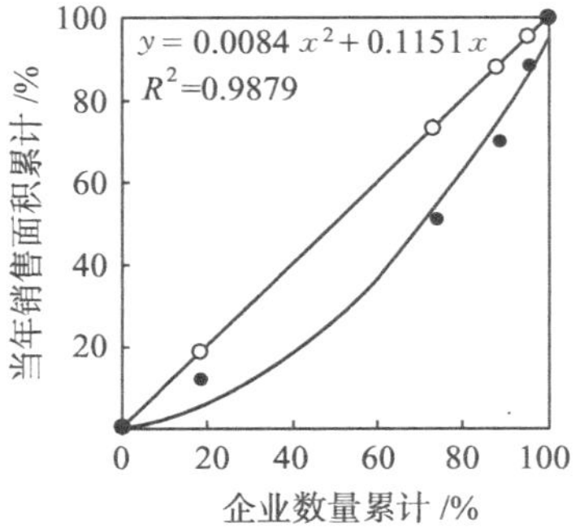

图 3-3　区域房地产业洛伦兹曲线

从图3-3可以看出，洛伦兹曲线与对角线距离很近，说明产业的相对集中度较低，产业基尼系数也比较小，从总体看，区域房地产市场集中度较低。

② 产业基尼系数的计算。实际应用中可以采用以下两种方法计算。

第一，公式计算方法。

$$G = \sum_{i=1}^{n} W_i Y_i + 2\sum_{i=1}^{n-1} W_i(1 - V_i) - 1 \tag{3-3}$$

式中，W_i——按照注册登记等级分组后，各组的企业数占总企业数的比例；

Y_i——按照注册登记等级分组后，各组销售面积占总销售面积的比例；

V_i——Y_i 从 $i=1$ 到 i 的累计数，如 $V_i = Y_1 + Y_2 + Y_3 + \cdots + Y_i$。

第二，曲线积分方法。设对角线与洛伦兹曲线间的面积为 A，洛伦兹曲线与横轴及直线 $Y=1$ 之间面积为 B，则

$$A + B = 0.5,$$

即等于对角线与横轴之间的面积。产业基尼系数

$$G = A/(A + B),$$

经过推导，得

$$G = 1 - 2B,$$

$$B = \int_0^1 Y\mathrm{d}x = \int_0^1 f(x)\mathrm{d}x\ ,$$

式中 $f(x)$ 为洛伦兹曲线方程，积分得 B，然后求出产业基尼系数 G。

3.3.1.3　集中度的横向分析

2003年3月25日，“中国房地产TOP10研究组”在北京发布的“中国房地产百强企业”名单显示，房地产百强企业在全国市场

占有率普遍偏低，作为行业龙头老大的万科地产和上海陆家嘴有限公司，在全国销售额和销售面积的市场占有率不足1%。而美国最大的房地产开发公司全部市场占有率高达40.6%，前十强是72.3%；日本积水物产的市场占有率达到29%。从开发规模看，“TOP10”中40%的企业开复工面积集中在20万～50万平方米，开复工面积超过200万平方米的百强企业只有3家。与国外房地产企业相比，中国房地产企业规模并不大，“百强”普遍还不是很强，年竣工面积平均不到30万平方米，全部市场占有率更低。这正好印证了意大利经济学家帕累托的“80/20”市场规律：一个成熟理性规范的产业，20%的企业将占领该产业80%的份额，形成有序竞争的局面，促成良性的循环和发展。与国际水平相比，我国的房地产业还远没达到这个阶段。

3.3.2 房地产规模经济和范围经济分析

规模经济不仅是市场结构的影响因素之一，也是市场绩效的主要考察内容。产业组织理论中的规模经济主要考察适度规模问题。

传统的产业组织理论认为，行业的集中度会导致市场势力，而集中度与行业内部的企业规模差异直接相关，行业前几位大企业规模越大，行业集中程度越高，就越有可能产生市场势力，从而影响竞争效率。但房地产业本身的特点决定其不可能达到严格意义的完全竞争型市场结构。与一般工商企业相比，房地产业规模与地域分布的广度有着直接的关系。

然而，仅以天津市场为例，到2002年底，天津市共有房地产企业797家，其中具有一级资质的企业仅有35家，占总数的4.39%；具有二级资质的企业60家，占总数的7.53%；具有三级资质的企业117家，占总数的14.68%；具有四级资质的企业435家，占总数的54.58%，天津市的房地产业结构可见一斑；从年均完成投资金额看，也仅有2千万元左右，企业的平均规模过小，根本没有形成规模经营。其他区域的情况类似。

范围经济在目前我国房地产市场存在还不普遍，这里不予分析。

3.3.3 房地产进入壁垒分析

在关于市场结构的研究中，市场集中度和企业规模状况侧重于反映市场中现实企业的竞争强度，而对进入壁垒的分析，则是从新企业进入市场的角度来考察市场关系的调整和变化，考察产业内已有企业与准备进入的企业间的竞争关系，反映的是市场潜在的竞争强度。

经济学家从不同的角度定义了进入壁垒。美国著名经济学家施蒂格勒认为，进入壁垒是那些打算进入某产业的新厂商必须负担，而已在该产业内的厂商无需负担的生产成本，这个定义的范围是相当窄的，仅仅涉及生产成本。结构主义大师贝恩认为，进入壁垒是和潜在进入者相比，现存厂商所享受的有利条件；这些条件是通过现存厂商可以长久地维持高于竞争水平的价格，而没有导致新厂商的进入反映出来的。可见，他对进入壁垒的定义是从市场绩效之一的利润角度入手的，其对应的逻辑即是当这个产业进入壁垒很高时，壁垒内的垄断者可以制定垄断价格，这样既能获得垄断利润，又不会招致新企业进入的竞争。

通常，产业的进入壁垒包括技术经济壁垒、产品差别化壁垒、规模经济壁垒和产业管制政策。

（1）经济技术壁垒

房地产业属于资本密集型行业，常常一个项目的投资就达上亿元，因此，理论上具有一定的行业资本进入壁垒。

房地产开发企业按照企业条件分为四个等级，未取得房地产开发资质等级证书的企业不得从事房地产开发经营业务。衡量企业资格的标准主要有注册资本，专业技术人员数量和职称，从事房地产开发的年限、开发面积、工程质量等。其中，一级资质企业要求注册资本不低于5000万元，二级资质企业不低于2000万元，三级资质企业不低于800万元，四级资质企业不低于100万元。然而，一方面这种资本壁垒较之家用电器、汽车制造、石油化工等平均规模已达到20亿元以上的行业，新的“厂商”更易进入；另一方面，房地产业本身具有高负债经营的特点，银行融资成为其主要来源，在银根适度从松、我国金融监管体系尚未健全的今天，许多并不具备合格资信的个人、机构利用非正常关系获得银行信贷，这在相当大程度上使得行业资本进入壁垒失效。

从技术角度讲，房地产企业偏重于一种资源整合的角色，房屋的建造由建筑施工企业负责，项目的销售由专门的中介机构负责。然而，应该看到，在国外成熟的地产市场，房地产中介很少能够进入项目的前期操作，对市场的把握主要依赖于开发商。然而，目前营销策划公司所谓的全程策划服务使得众多的非专业公司纷纷“勇敢地”涉足房地产开发，这并非一种有效的社会分工，它更多地反映出一种对盲目热衷于房地产开发的迎合，这使得物业开发本身所需的专业素质被进入者忽视。

（2）产品差别化壁垒

由于当前房地产开发企业自身素质不高，未能形成强有力的企业品牌形象，加上产品创新的落后，现存企业并不能有效地构筑起消费者的选择偏好，潜在进入者在企业所面临的需求曲线上并无明显劣势，反倒是近年来房地产业广告费用的节节高升似乎提升了产品差异化进入壁垒。然而，长期执行这种单方式的产品差异化策略，从近期看，会带来资源的浪费；从长远看，也无益于企业自身素质的提高。

（3）规模经济壁垒

存在规模经济的行业，新企业在未取得一定的市场份额之前，由于不能充分地享受规模的经济性，相对于产业内已有的企业，其生产成本偏高，这就是规模经济壁垒。依照前面的分析，房地产业自身具有规模经济特性，然而，这只具有静态意义；从动态的角度来看，由于我国现存开发商企业规模普遍偏小，而市场集中度的分析表明我国大的开发企业市场占有率微不足道，从整个行业的角度看，这决定了新企业进入并不占什么劣势，较之原有的国有大中型企业还占有机制领先的优势，这在相当程度上削弱了房地产业的规模经济壁垒，同时市场规模的增长为小企业的生存提供了广阔的空间。

（4）产业管制政策

在我国，城市土地由政府统一有偿、有期地向社会转让。据统计，我国20世纪末以前一级土地市场90%以上的土地都是通过协议、招标的方式进行出让的，评判的主观随意性较强，土地出让常演变为政府行政性分配，使房地产公司呈现以本地为主、以政府附属企业为主的局面。这种权力与利益形成的壁垒使真正有实力、讲信誉的异地公司由于土地资源的匮乏，在市场需求增长时，无法实现快速成长，而与此同时，规模小、操作并不规范的许多小公司依靠与政府的关系而安然生存，市场不能发挥竞争的自组织作用，导致目前房地产开发企业总量严重过剩的局面。

其次，政府主管部门对行业准入要求偏低。我国对房地产开发企业注册资金要求偏低，对公司应该拥有的技术力量、生地开发年限、项目开发资金到位情况无明确、合理的标准，这给了那些自身开发资质不足、抗风险能力弱的企业以可乘之机，然而，在其大量进入的同时，也导致市场竞争秩序的混乱。如近年来消费者对房地产业的投诉一直位居前列，开发商卷款潜逃、合同诈骗屡见报端。开发商素质过“滥”、行业形象不佳已成为房地产业进一步发展的一大隐患。

由此可以得出结论：由于房地产业本身市场进入壁垒过低，在旺盛的市场需求、非理性的预期利润率、进入主体多元化的情况下，形成企业的过度进入；企业的过度进入导致房地产投资金额增长速度过快，造成一定的房地产经济泡沫，即形成房地产市场风险。

3.4 我国房地产市场与西方成熟房地产市场的差距

以下仍然以我国房地产企业状况为例，分析我国房地产市场与西方成熟房地产市场不同之处。

① 从表 3-7 可以明显看出，房地产企业总数迅速增长，主要表现在内资其他企业数量的增长。而纯国有企业数量和国有集体企业在行业中所占比重，从 1997 年的 60.60% 减至 2004 年的 12.09%，说明我国国有企业在国民经济生活中居于主导地位，市场普遍存在不完全竞争状况。这一特殊情况使得企业行为的异化表现不同于西方国家的私有制企业的两权分离，在市场行为上，往往呈现出与经济规律不同的市场现象。

② 由于各种壁垒作用的失效和对房地产业高额利润回报的预期，导致该行业企业的过度进入，社会各界有实力的公司、企业等纷纷投资房地产业，呈现比较明显的异化特性，导致房地产市场投资金额增长速度过快，造成一定的房地产经济泡沫。有些进入者实行“打了就跑”的策略，往往伴随着社会资源的低效利用，甚至浪费，导致行业整体利润不高。

③ 地方政府追求业绩的短期行为、寻租行为等造成不符合经济规律的事情频繁发生，从而也影响市场的合理竞争，导致市场结构的异化。

总之，从构成市场结构各因素来看，房地产业总体上构不成规模经济效应。从市场壁垒看，目前无论是进入壁垒，还是退出壁垒，都比较低。从产品差别看，企业间产品差别较小，以广告诉求差别为主，因而导致产业中企业的过度进入。尽管如此，由于房地产产品本身的特点及我国目前的经济状况，本书认为，目前区域房地产市场呈现的是区域寡头垄断的市场结构。

从市场结构变化趋势及目前房地产产业政策来看，未来几年中国房地产业将不断走向强强联手或企业兼并的道路，逐步向真正垄断竞争型市场转变。随着土地的“招”“拍”“挂”政策的不断深入执行，一些小的、经济实力较弱的房地产业企业将被淘汰，市场机制将不断发挥作用。优胜劣汰的结果必然导致市场集中度的提高，企业规模加大，产业竞争力不断加强。

4　房地产业市场行为分析

所谓市场行为，是指企业在市场上为了赢得更大的利润和市场占有率所采取的策略性行为。企业市场行为受制于市场结构，与此同时，市场行为又会反作用于市场结构，影响市场结构的特性和状况，并直接影响市场效果。一般来讲，市场行为主要包括以下内容：一是以控制和影响价格为基本特征与目的的定价行为，包括价格竞争和价格协调等；二是以促进销售、开发产品获得较高的利润为主要内容的非价格行为；三是以产权关系变动为主要特征的企业组织行为、企业并购等[98]。

4.1　房地产市场价格现状

近几年来，房价持续不断地攀升，而且还有继续上涨的趋势。2006 年 11 月 13 日，国家发改委、统计局联合发布了全国 70 个大中城市 10 月份的房屋价格调查。调查结果显示，70 个城市房价同比上涨 6.6%，北京涨幅高达 10.7%，列全国第一。2005 年以来，出台了一系列旨在平抑房价的宏观调控政策，然而房价却逆势走高。粗略估计，2004 年以来全国商品房新开楼盘均价上涨 50% 以上，广州涨了 80%，北京涨了 1 倍，上海涨了 2 倍。

表 4-1 给出近十年来我国房地产价格及增长幅度的情况。从 1995 年到 2005 年，十年间商品房价格由 1591 元/平方米涨至 3242 元/平方米，增幅达 1651 元/平方米，年均增长率超过 10%；而住宅价格由 1509 元/平方米增至 3023 元/平方米，年增长率超过 10%。特别是近几年，房价增长速度过快，如 2004 年和 2005 年增

长幅度达15%和19.5%，使得我国房价收入比急剧增大，导致一定的房地产泡沫产生。

表4-1　　1995—2005年中国商品房价格及其增长率

年度	商品房价格/（元/平方米）	商品房价格增长率/%	住宅价格/（元/平方米）	住宅价格增长率/%	CPI增长率/%
1995	1591	12.9	1509	26.4	17.1
1996	1806	13.5	1605	6.3	8.3
1997	1997	10.6	1790	11.5	2.8
1998	2063	3.3	1854	3.6	-0.8
1999	2053	-0.5	1857	0.2	-1.4
2000	2112	2.9	1948	4.9	0.4
2001	2170	2.8	2017	3.5	0.7
2002	2250	3.7	2092	3.7	-0.8
2003	2360	4.9	2197	5.0	1.2
2004	2714	15.0	2549	16.0	3.9
2005	3242	19.5	3023	18.6	1.8

资料来源：《中国房地产统计年鉴》。转引自李木祥《中国房地产泡沫研究》，第56页。

4.2 房地产开发企业的价格行为

就单纯价格竞争而言，房地产市场价格战目前表现得不太明显，房地产企业表现出灵活的价格策略[99-100]。

4.2.1 房地产商品价格的构成及特征

（1）房地产价格的概念[101-103]

房地产价格，按照效用价格理论，是由房地产的效用、房地产的相对稀缺性及对房地产的有效需求三者共同作用而产生的对房地产经济价值的货币表示。不同房地产的价格差异和同一房地产的价格波动归根结底是这三者的变化引起的。

(2) 房地产价格的构成

房地产价格是建筑物价格和土地价格的统一，因此，房地产价格具有两重性的内涵。在房地产的价格中，有一部分来源于土地开发和房屋建造安装所形成的价值，另一部分来源于土地租赁的资本化收入，如表 4-2 所示。

表 4-2 商品住宅价格构成

<table>
<tr><td rowspan="25">商品住宅价格</td><td rowspan="19">生产过程</td><td rowspan="13">土地价格</td><td rowspan="8">农地转市地地价</td><td>耕地占用税</td></tr>
<tr><td>土地补偿费</td></tr>
<tr><td>安置补偿费</td></tr>
<tr><td>地上附着物及青苗补偿费</td></tr>
<tr><td>土地开发费</td></tr>
<tr><td>投资利息</td></tr>
<tr><td>管理费</td></tr>
<tr><td>土地开发利润</td></tr>
<tr><td rowspan="5">市地地价</td><td>拆迁安置费</td></tr>
<tr><td>土地再开发费</td></tr>
<tr><td>投资利息</td></tr>
<tr><td>管理费</td></tr>
<tr><td>土地开发利润</td></tr>
<tr><td rowspan="6">住宅建造价格</td><td colspan="2">勘测设计费</td></tr>
<tr><td colspan="2">建筑材料、设备费</td></tr>
<tr><td colspan="2">建筑施工费</td></tr>
<tr><td colspan="2">投资利息</td></tr>
<tr><td colspan="2">管理费</td></tr>
<tr><td colspan="2">房屋建筑利润</td></tr>
<tr><td rowspan="6">流通过程</td><td rowspan="6">住宅销售成本及利润</td><td colspan="2">推销费（广告费）</td></tr>
<tr><td colspan="2">保险费</td></tr>
<tr><td colspan="2">投资利息</td></tr>
<tr><td colspan="2">管理费</td></tr>
<tr><td colspan="2">住房销售税</td></tr>
<tr><td colspan="2">经营利润</td></tr>
</table>

房地产价格包括总成本和利润两部分，房地产总成本是指企业

在开发建设和经营房地产过程中所投入的总费用，一般包括地价、土地开发费、建筑安装工程造价、税金、利息和其他费用分摊。总成本的大小主要取决于总成本中所包含项目的多少和每个项目的实际耗费值。总成本在各个地区和各个时期差异性与可变性极大，房地产价格主要是由总成本决定的。利润是房地产开发、经营企业的投资利益。利润的高低取决于总成本和社会平均利润率两个因素[104]。

（3）房地产商品价格的特征

城市房地产商品市场的不完全竞争的特性使房地产商品价格具有许多不同于一般商品的特征。

① 区域性。在同一城市的不同地段，即使是标准完全一样的商品房，价格也是不一样的。房屋不可能脱离土地而独立存在，房价包含地价，由于土地具有不可移动性，所以房屋所处的区位不同，土地的价格也不同。

② 单件性。住宅商品在位置、大小、品质和建筑类型等方面，不可能完全一样，也就是不存在同质的住宅商品。而且它的形成过程也非常复杂，从而表现出商品住宅的单件性。

③ 需求的敏捷性。就总量而言，土地的供给是有限的。从长期来看，土地的价格主要由需求决定。当经济繁荣时，对土地的需求增加，土地价格就会上升；相反，就会下降。所以，商品住宅价格主要是由需求界定的。随着城市化进程的推进，对住宅商品的需求会不断增加，商品住宅价格具有不断上升的趋势。但对消费者而言，同一层次消费水平的住宅商品具有可替代性。某一住宅商品价格上升，消费者对该住宅需求就下降；反之，则上升。因而城市住宅商品的需求具有弹性，这就使商品住宅价格具有较强的需求敏感性。

④ 政策性。土地的特性决定了土地资源的配置、调整要由政府直接参与。政府的土地使用规划以及政府的相关政策对土地价格

产生重大影响。当一片土地被规划为新城市中心或者城市新区时，这片土地的价格就急剧上升，如我国的一些开发区的发展就是一个很好的例证。

⑤ 波动性。由于城市住宅具有很强的保值性，容易出现炒作行为。住宅的炒作和易受政策影响的特性，使城市商品住宅价格波动很大。

4.2.2 房地产价格的影响因素

影响房地产价格的因素很多，以下仅就房地产供需弹性、市场结构、区位及国家政策四个方面进行分析讨论。

4.2.2.1 供需弹性影响房地产价格

① 从供给方面看，偏紧的住房用地供给和交通基础设施建设相对滞后，限制了城镇住房建设空间的拓展；住房基本保障制度建设的滞后，混淆了市场机制和社会保障的界限，影响了人们的思考方式，提高了中低收入阶层的购房预期。供应弹性相对较小。

② 从需求来看，我国是一个拥有13亿人口，正处于完成工业化、加速城市化阶段的发展中的大国。特殊的发展阶段和人多地少的国情决定了我国面对的是每年1000多万城镇增量人口的住房需求；随着经济的持续发展和居民收入的持续提高，消费结构升级拉动的城镇居民不断增长的改善性住房需求和必须进行的旧城改造而导致的被动住房需求。基本住房需求、改善性住房需求和被动住房需求的叠加，形成了难以遏制的刚性需求，这是房价上涨的基本动因。

③ 价格-需求弹性。

价格-需求弹性是指价格上涨或下降一定比例所引起需求量减少或增加的比例，也就是指需求量对价格变化反映的灵敏度。用以说明需求量变动与价格变动之间的关系。

房地产企业在开发不同的商品房时，决定其商品房价格高低，往往都会考虑这一商品的价格需求弹性属于哪种类型。

第一，经济适用房。它所面对的客户群一般都是中低收入者，由于这部分人群的特点是收入水平不是很高，其收入弹性相对比较小，因此，价格的变化对需求量影响比较大，其价格-需求弹性就比较大。这在房地产开发商开盘时所用的一些营销策略中已经得到验证（如地产商目前普遍使用的“低开高走”、一次性交纳房屋全款折扣优惠等）。

第二，高档住宅。与经济适用房的客户群不同，高档住宅所面对的客户群一般都属于高收入、购买力强人群，这部分人的特点是看重产品的功能、区位、环境和服务质量，追求的是炫耀个人的社会地位和经济实力。由于其收入弹性相对较大，价格的变化对其购买影响不是很大，即价格-弹性系数比较小。这类住房在销售时不会在价格上大做文章，而是注重品质、功能的宣传。这类住房价格都会比较高。

目前我国房地产市场的总体情况是需求量旺盛，而有效供给不足，结果导致房地产价格不断增长。

4.2.2.2 市场结构影响房地产价格[105-107]

西方产业组织理论有四种不同的市场结构：完全竞争、垄断竞争、寡头垄断、完全垄断。这四种市场结构具有不同的特点，不同市场结构中的厂商的价格决策、产量决策都不相同，其竞争策略和竞争程度也不一样。下面仅对这四种市场结构从需求曲线和供给曲线角度作简单比较。

开发商的供给曲线和开发商所面临的需求曲线是开发商决策的基本依据，也是房地产市场的一个最基本的特征。在完全竞争情况下，开发商只能被动地接受市场的价格，因而其需求曲线是水平的，也就是具有完全弹性，在不同的市场价格下，开发商决定自己的产量，从而实现自己的利润最大化，因而其供给曲线是可以推导的，其短期供给曲线和短期边际成本曲线重合。而对不完全竞争的开发商来讲，既可以通过调整产量来追求利润最大化，也可以通过调整价格来追求利润最大化，因而不完全竞争开发商无法推导出其供给曲线。不完全竞争开发商都能够在一定程度上影响市场的价格。如垄断开发商本身就是房地产价格的制定者；寡头开发商则能够操纵房地产价格，是房地产价格的搜寻者；而垄断竞争开发商则是市场价格的影响者。因而其需求曲线都是向右方下倾斜的，但斜率各不相同。一般来说，垄断程度越高，需求曲线的斜率（绝对值）就越大，以垄断开发商的需求曲线最为陡峭，寡头垄断开发商次之，垄断竞争开发商更为平缓。注意：寡头垄断开发商由于开发商之间的相互制约与依赖关系，一般是不能推导出需求曲线的，但在特殊的假定前提下，比如开发商之间组成卡特尔、价格领先制的前提下，则可以导出其需求曲线。

我国目前的房地产业市场结构处于区域寡头垄断，属于不完全竞争状况，因此，开发商是房地产价格的制定者，而不是接受者，为了获取高额的利润，开发商目前采用“低开高走”（调整价格）、“捂盘惜售”（调整产量）等策略。

4.2.2.3 区位影响房地产价格[108]

房地产业具有较强的地域性特点，其发展必然遵循一定的空间规律，相同地域不同区位的开发价值也有所不同，即区位不同，其开发成本不同，房地产价格也就不同。房地产主要区位环境因素包括地理环境、自然环境、文化环境、商业环境、基础设施和小区环境建设。

（1）地理环境

商品住宅在城市中所处的地理位置对房地产商的开发成本影响很大，它是级差地租形成的决定因素，由于土地的不可移动性，这种由地理位置差异所带来的收益不同往往是固定的，而地理位置非资本和劳动力因素所形成，所以，得到地理位置优越的土地所需付出的代价必然就高。在地理位置中，地块的性质和在城市中的位置是关键的影响因素，主要反映在以下3个方面：

① 所处区位功能性质；

② 距城市中心距离；

③ 历史土地性质。

（2）自然环境

自人类诞生之后，就存在着人与环境的关系，特别是人与自然环境的关系。现代城市的发展与环境保护始终是一对矛盾体。自然环境主要是指分布在建设地远近的地形、地貌，如山丘、河流、沟塘、森林和植被等。对自然环境的理解和利用可以使得居住区不但拥有优美的物质环境，同时也为人们创造了丰富的文化内涵，这是一种延续和发展。

自然环境价值的客观反映往往来自人们主观的普遍认同，主要构成因素包括：

① 自然风光；

② 地质地貌；

③ 周边建设格局、风格和质量。

（3）文化环境

文化环境主要包括社会群体的政治、宗教信仰、风俗习惯、传统文化教育、道德观念、社会价值标准。就人类消费心理行为学而言，这些因素构成影响人类消费行为的社会环境因素，是影响消费者行为的主要外部环境因素。主要包括：

① 社会群体；

② 文化教育水平；

③ 文化设施建设。

（4）商业环境

一个城市的经济是否繁荣，城市居民的生活是否富足，通过商业环境就可以反映出来。商业活动发展至今，已经不单单是一种必需的生活活动，而是一种休闲、一种时尚、一种品味、一种文化。

因此，商业环境在居住区区位环境中占据重要地位。商业环境是基本生活需求和消费娱乐需求的体现，是一种条件，它通过人们的满意程度反映出来。能够代表商业环境优劣的主要因素有如下3个方面：

① 购物环境；

② 购物便利度；

③ 银行。

（5）基础设施

基础设施主要指交通、通讯、煤气化、电气化、自来水供给量、污水污物和垃圾的处理能力等。基础设施的建设发展水平关系到居民日常衣食住行的各个方面，影响到居民物质生活质量的优劣和水平的高低，是人类的基本生活保障因素。基础设施主要包括以下几个方面：

① 交通方便；

② 水、电、气、暖（北方）完备，稳定；

③ 通讯；

④ 垃圾处理；

⑤ 废水处理。

（6）小区环境建设

小区环境建设包括两方面内容：一是小区自身内部条件、景点的建设及地形地貌、建筑、植被的利用；二是小区环境对周边环境的利用及对周边远近风景的借用。内部环境建设是指小区建筑物或构筑物及其涵盖事物的平面和立体空间的组合，是指构成住宅小区所有客观存在的实体和蕴藏在实体内的文化内涵。构建小区环境是以人工打造为主要手段，以天然为载体实现的。通过人类的再塑造，将人类对自然的理解浓缩于小区内，其建设原则是：从景观上，减少小品量，增加绿化量；从功能上，不仅能看，还要可游、可停、可赏。

小区环境的价值包含实物制造和艺术创造两方面内容，前者进入到建设开发成本，是可量化计算的；而后者只能进行定性描述和判断。小区环境建设包括以下几项内容：

① 面积、房型；

② 绿地、景点建设；

③ 建筑风格、建筑布局；

④ 休闲交流环境；

⑤ 服务水平。

4.2.2.4 国家政策影响房地产价格

国家对房地产业的相关政策直接影响房地产价格，其中包括房地产产业政策、金融政策和住房改革、住房保障制度等。本节仅就土地政策、税收政策、住房改革制度对房地产业的影响加以讨论。

(1) 土地政策

土地是房地产的一级市场，由国家垄断，是房地产供给的源头。其供给数量、供给价格直接影响房地产市场价格。从房价的长期规律来说，土地的确可以说是唯一的决定因素。就目前土地政策来看，具有以下三个缺陷，导致房地产价格的波动。

① 土地出让金的分配。土地出让金在1994年分税制改革后，基本属于地方预算外收入，中央分割的比例很小。在利益的诱使下，地方政府存在扩大土地供给、不断提高地价的强烈愿望。地价的不断升高必然导致房价的波动，甚至引发房地产泡沫，这是缺陷之一。

② 土地投资受益权分配不清。我国土地政策缺陷之二是土地投资受益权在政府和房地产开发商之间的分配不清晰。我国有限期的土地使用权费用（地租）是按照当前价格一次性付清，但由于城市土地是基础设施装备的土地，城市土地地租的价值取决于基础设施的完善程度，随着城市的发展、基础设施的完善，地价也在不断上涨，因此，按照当前价格一次性交满70年的地租费不符合等价

交换的原则，而且会刺激土地的投机炒作，引发地价飞涨，导致房价增长。

③ 对土地的公共管理特性的认识。我国土地政策缺陷之三是对土地的公共管理特性认识不清，对地方政府控制的土地交易过于放任。这一缺陷造成交易过程中存在很多不正常情况，如寻租行为、腐败行为等，导致国有资产流失。

（2）税收政策

我国房地产行业的平均税负率（税金总额/经营收入）较高，增加了商品房的成本。我国房地产行业的平均税负率高于国内其他行业，也高于世界其他国家的房地产行业。有关资料显示[109]，2002 年我国房地产企业平均税负率为 11.6%；如果加上各地各部门名目不同的收费，房地产开发企业税费负担一般在 15% 左右。而我国采掘业税负率为 15.2%，制造业为 9%，电力、煤气及水的生产和供应业为 10.5%，建筑业为 3.7%，批零贸易及餐饮业为 7.2%。与国外房地产业相比，以美国为例，1993 年全国房地产企业的非联邦所得税税负率为 4.6%，而同年全美各行业的联邦所得税税负率的平均值为 1%，房地产企业税负总水平低于 6%。加拿大是世界上有名的高税负国家，但其房地产企业税负率不过 11.3%。

（3）住房改革制度

在住房改革之前，我国实行的是高度福利化的实物分房制度，国家承担了所有城市居民的住房负担，这是计划经济的产物，是低效率的住房制度。1998 年之后的住房制度改革使我国住房市场改革出现了偏差[110]，表现在：

① 过度地赋予住房的经济发展功能；

② 市场化过度，超越了经济发展阶段；

③ 过分强调“以售为主”，住宅租赁市场发育缓慢；

④ 地方政府住房保障意识差，经济适用住房建设滞后。

上述问题的存在直接导致满足中低收入家庭支付能力的低价商品房供应不足，住房保障制度严重不足，城市居民只能挤上市场购房的独木桥；形成市场上过大的刚性需求，使房地产的价格上涨速度过快，波动过大。

4.2.3　房地产企业定价策略

4.2.3.1　房地产定价策略

随着房地产业的发展，市场结构在不断地演化。从产品定价方法来看，房地产业经历了一个从成本导向到竞争导向并向需求导向转变的过程。

（1）成本导向定价策略

以成本为中心的定价方法以房地产成本（包括固定成本和变动成本）作为定价的基础，包括成本加成定价法、收支平衡定价法、目标利润定价法和变动成本定价法等。其中最常用的是成本加成定价法，计算公式为

$$P = AC \times \frac{1+\alpha}{1-\beta}$$

式中：P——单位产品价格；

AC——单位产品总成本；

α——成本加成率；

β——税金率。

即按照单位产品总成本加上一定比例的预期利润、再加上税金的一种定价方法。这种方法的优点是简单易行，只要房地产商品能销售出去，就能实现预期利润。缺点是只考虑产品成本，忽视了市场的供求情况、竞争因素和其他因素的影响。

该方法在计划经济下和房地产开发初期运用得比较普遍。目前比较适用于廉租房和经济适用房的定价。

（2）竞争导向定价策略

竞争导向定价法包括垄断定价法、随行就市定价法、倾销定价法和投标定价法。其中垄断定价法和随行就市定价法在房地产定价过程中使用得比较普遍。

① 垄断定价法。在垄断市场上，由垄断组织操纵生产和市场时所采用的一种定价方法。在我国区域房地产市场，几家或十几家垄断企业控制了大部分房地产商品的生产和流通，这些企业通过结成垄断同盟或达成垄断协议，将房地产商品价格定成大大超过其价值的高价；而向非垄断企业和中小企业购买生产资料，则规定低于这些商品价值的低价。这两种价格都称为垄断价格。这种定价法主要是为了获取高额利润。

$$P_M = \max P = \lim_{MG \to \infty} f(MG)$$

式中：P_M——垄断价格；

MG——垄断利润率。

这种方法的优点是可以使企业获得高额利润，但同样忽视了市场的供求情况，特别是购房者的经济实力，导致有效购买力降低。目前商品房、高档住宅的定价基本上都采取这种方法。

② 随行就市定价法。以同行业的价格水平作为定价标准。这种方法适用于一些小的房地产开发商开发的房地产商品。这些小开发企业为了避免价格竞争，与同行业大企业和平共处，减少风险，往往采取这种价位稳妥的定价方法。

（3）需求导向定价策略

需求导向定价法是按照市场需求的强弱情况而制定不同的价格。市场需求量大，价格就高；市场需求量小，定价就低。

$$P = f(D) \quad 且 \quad \frac{\partial P}{\partial D} > 0$$

式中：P——单位产品价格；

D——产品需求量。

鉴于目前房地产商品的旺盛需求，该方法已经被开发商所采用。该方法被应用于目前的商品房和高档住宅定价。

伴随着房地产市场定价策略的改变，呈现的是近些年房地产价格以年均超过10%的速度不断上扬。

在第3章讨论了目前我国的房地产市场结构是区域寡头垄断类型，这就决定目前的房地产企业不是价格的接收者，由于市场的不完全竞争，企业可以通过调整产量来追求利润最大化，也可以通过调整价格来追求利润最大化。这也从另一个角度解释了为什么房地产市场会出现类似“低开高走”“捂盘惜售”“囤地居奇”和延缓房地产开发速度等策略，从而引发房地产供求失衡，导致房地产价格不断增长的现象。

4.2.3.2 其他价格策略

(1) 心理定价策略

心理定价策略是为了适应和满足购房者的购买心理所采用的定价策略。

① 尾数定价策略。是依据购房者有零数价格比整数价格便宜的消费心理而采取的一种定价策略，这种策略又称奇数或非整数价格策略。如某商品住宅价格为2980元/平方米，使人感觉每平方米不到3000元，比较便宜，乐意购买，达到促进顾客购买，企业增加销售的目的。

② 整数价格策略。是把房地产价格定为一个整数，不带尾数。一般适用于高档楼盘。如果某高档写字楼定价为10000元/平方米，则使购房者感到很有档次，很符合大企业形象和知名度而乐意购买。

③ 声望价格策略。是一种利用企业和产品的声誉对产品定价的策略，其产品价格比一般商品价格高。如万科的房价，在同类产品中相对较高。这种策略有利于提高企业和产品的形象，有助于吸引注重品牌的顾客购买。

④ 招徕定价策略。是一种利用购房者求廉的心理，将部分房地产商品暂时降低价格，吸引和招揽顾客购买的一种策略。例如，地产商普遍运用的楼盘低开高走策略，在开盘时往往楼盘价格较低，吸引客户、聚敛人气，然后逐步提升价格。

⑤ 根据习惯、心理定价。如利用购房者讲究风水、习俗、偏好等心理来定价。这种方法主要用于楼层定价，如数字“8”谐音“发”，“6”意味着“顺”，在其他条件相同的情况下，这两层房子的价格往往高于相邻层。

(2) 价格折扣策略

价格折扣策略是一种减价策略。

① 现金折扣。是对按照约定付款日期付款的购房客户给予一定的折扣，对提前付款的购房客户给予更大的折扣。使用这种策略的目的是鼓励购房者提前付款，不拖欠货款，以加速资金周转。在房地产销售过程中，开发商为了加快楼盘销售速度与快速回笼资金，有时会针对不同的付款方式和不同的消费者，采取不同的折扣定价，这一点在楼盘自身品质不高或存在大量竞争型楼盘，致使开发商面临较大市场风险时，表现得最为突出。如对于一次性付款的客户给予房价的9.8折，而对于按揭贷款客户不给予折扣；还有的楼盘根据特定的日子给予特定人群的一定折扣等，虽然形式不一而足，但目的都是一样，即加快销售进度。

② 数量折扣。是根据购房者购买房产的数量，按照其达到的标准给予一定的折扣，购买的数量愈多，给予的折扣愈高。如客户一次性购买两套住房，往往都可以得到一定的折扣优惠。

(3) 低成本策略

房地产市场价格竞争的重要表现形式是低成本策略。所谓低成本策略，就是迈克尔·波特的“成本领先战略”，是指房地产企业通过在内部加强成本控制，在研发、生产、销售、服务和广告等领域把成本降到最低程度，成为行业中成本领先者的战略。其核心内容是通过降低产品成本来取得竞争优势，即要使企业的全部成本低于竞争对手的成本。只要成本低，企业尽管面临着强大的竞争力量，但仍然可以在本行业中获得高于平均水平的收益。因此，低成本战略对于提高企业竞争地位具有重要的意义。

4.3 房地产市场的竞争行为

房地产市场的竞争行为主要表现为价格竞争行为和非价格竞争行为。

4.3.1 价格竞争行为

就价格竞争而言，单纯的价格战目前在房地产行业还不甚明显。本书认为，房地产行业的成本结构特征决定房地产业不易发生价格战。价格竞争行为往往通过其他方式进行[111-112]。

(1) 房地产行业成本结构特征

一般而言，行业集中度下降导致市场竞争的深化是价格战的诱因，这一观点在普通的工业品生产领域表现得非常充分，但在房地产领域，却显得苍白无力。我国销售额最大的房地产公司万科集团目前的市场占有率只有0.94%，而其他行业的巨头，如中国电信集团公司和海尔集团的市场占有率却分别达到28%和21%。由此可见，房地产业的竞争虽然激烈，但行业垄断程度还远远低于那些容易爆发价格战的行业。本书认为，决定价格战爆发难易程度更重要的因素是行业的成本结构，房地产业不易发生价格战的一个主要原因在于其可变成本占总成本的比例过高。

行业成本由固定成本和可变成本构成，在厂商理论中，市场价格恰好等于可变成本时，便是厂商的“停业价格”，此时营业与否对厂商而言是无差异的，厂商此时的损失都将等于它的固定成本，一旦市场价格高于停业价格，厂商营业的损失就要小于停业损失。

在电信、家电和汽车行业的成本结构中，耗巨资购置的设备折旧及其资金成本在总成本中占有的比例很高，这使得市场价格大幅下降以后，仍然在停业价格之上，行业内厂商为覆盖这部分成本支出，常常有降低价格、扩大营业规模、充分发挥设备生产潜力的冲动，这种冲动很容易酿成价格战。而在房地产业的成本结构中，可变成本占绝大部分，房地产开发中几项大的支出（如土地成本、建筑安装成本、税收费用等）都是可变成本，只要市场价格稍微低于总成本，就会构成房地产商的“停业价格”，房地产业进行恶性价格战的空间很小。

成本结构的特征还会从动态的角度降低房地产商价格战的动力，土地成本、建筑安装成本、税收费用等可变成本都是一次性转入产品价值，一旦进行价格战，销售价格不足以弥补成本，项目售罄，所形成的亏损将是永久性的。而电信、家电和汽车等行业大量成本为固定资产的折旧，在进行价格战之后，由于昂贵的设备还将继续运转多时，厂商仍然可以期望在下一期弥补相应的损失。

由此可见，房地产业因行业成本结构的特征而造成的一般竞争降价机制失效。房价并不会随着产业的成熟、竞争的激烈而得到平抑——因为成本结构作为一种根本的产业特征，难以改变。抑制房地产价格非理性上涨的办法是改变房地产业市场供应主体的“厂商属性”，适当降低房地产业市场供应主体的自由定价权利，并增加一些不以盈利为唯一目的的供应主体[113]，才能多角度地抑制房地产价格的增长。

（2）房地产价格竞争的表现形式

价格竞争的一个重要的表现是付款方式的多样性，由于房地产属于高价值产品，不可能让业主一次性付清购房款项。银行按揭、用租房的钱买房、延期付款等各种变相价格竞争方式纷纷登台，在居民收入明显偏低的现实状况下，有力地促进了市场的流通。纵观几年来房地产发展的道路，付款方式作为辅助的促销手段，也是房地产市场的晴雨表。1992—1993年，当房地产为卖方市场时，一次性折扣少，建筑期付款前期金额比例大，内销房更是鲜有按揭。最近几年，当房地产市场转为买方市场后，一次性付款折扣大，建筑期付款前期金额比例立刻减少，开发商除了到银行办理贷款以外，有的还自行提供若干年的免息贷款。

4.3.2 非价格竞争行为

非价格竞争在房地产业的表现也较为突出。从产品创新的角度来看，由于房改的推动，特别是公房出售促使住房自有化率提高以后，国外住房私有化必然要求开放设计标准、提高住房水平和城市环境的一般规律，在我国也得到充分体现。住宅设计更新换代周期越来越短，花园型、智能型、节能型、生态型等居住区以及错层、跃层、小高层、联体式别墅、排屋叠加式别墅等建筑单体层出不穷。短短的几年，使我国突破了国际上多数国家住房分阶段发展的一般规律。从以解决房荒、扩大面积两个阶段为主，即解困和追求户均一套，迅速发展到包括提高住房质量和提高居住整体条件在内的四个阶段的形态与需求同时处于一个市场之中。同时，业界也经历了简单的住宅概念的张扬到居住观念的创新，从最初的随处“以人为本”“绿色环保住宅”“新住宅运动”等新概念的概念流行到目前网络家居、休闲养生、居家办公的提出，其中固然有良苦用心的炒作，但也多少反映了市场对人居理解的深入。这些意识在消费者中扎根后，恐怕就没有谁能从中全身而退。观念的“大跃进”给项目开发带来巨大的压力，把这些概念用项目完美地表现出来，将成为每一个企业不容回避的课题。过去市场让不会炒作者失利，今后市场将会让没有超前设计开发能力的人离开。

4.3.3 房地产开发企业的不规范行为

不规范行为是指用不正当手段来增强竞争力的行为，包括违反市场交易规则、商业道德，以及欺骗、坑害消费者和生产者的竞争行为。

在行业发展初期，由于市场体系不完善、消费者行为不成熟、市场交易规则不清楚、企业素质低下，市场竞争中的不规范行为问题时有发生。比如企业运作管理不规范。有些企业存在注册资金未按期到位或抽逃注册资金的情况，有些企业高中级职称技术人员不足，相当部分开发企业在技术人员聘用上存在虚报、重复聘用同一位工程技术人员及流动周期短、流动量大的问题。目前，约有半数开发企业开发量不足，业绩达不到相应资质等级要求；有少数开发企业成立两年以上仍然未开展房地产开发经营业务；极少数企业甚至出现转让、出卖、出借资质证书，非法炒卖楼花及偷漏税费等严重违法违纪情况。其他不规范行为包括：项目开发手续不完备，开发的商品房质量低劣，面积缺斤少两严重，房地产广告不规范，虚假广告多；开发商市场销售行为不规范；房屋售后服务不规范等。

4.4 市场机制对房地产价格系统的调控影响

“供求实际上从来就不会一致，如果它们达到一致，那也只是偶然现象，所以在科学上等于零，可以看做没有发生过的事情。”但是由于现实经济系统很多因素的不确定性，所以对市场的简单模拟却能够使我们很好地认识到市场机制对经济的调节作用[114-116]。在这里，借用经济学中一个最典型的动态系统的例子来说明市场机制对房地产与区域经济的影响作用[117]。

4.4.1 蛛网模型在房地产市场的应用

(1) 蛛网模型概述

在自由竞争的市场经济中，经常会出现这样的情况：在一个时期，由于某种商品过剩，引起价格下跌，而生产这种商品的生产者为了追求利润，避免损失，就减少该商品的产量。于是，在下一个周期，这种商品又可能因为供不应求而导致价格上涨，高价格引起的高利润又促使生产者竞相增加该商品的产量，又导致过剩，产生循环波动。下面在一定的假定条件下，建立导致这种循环波动的蛛网模型。

用 $d(p)$ 表示某商品的需求量，p 表示该商品的价格。由于消费者的购买量随着商品价格的上升而下降，因此需求量 $d(p)$ 是 p 的一个比较复杂的函数。但为了分析方便，这里假设它是 p 的线性函数，即

$$d(p)=d_0-ap \tag{4-1a}$$

其中，d_0 和 a 是正的常数，并且 a 常称为需求量对价格的敏感系数，它衡量需求者对价格变化的敏感程度。

同样地，用 $s(p)$ 表示该商品的供应量，p 表示该商品的价格，通常情况下，供应量 $s(p)$ 随着商品价格 p 的增加而增加，并且函数关系也比较复杂，为了分析方便，这里也假设 $s(p)$ 为如下特定的线性函数，即

$$s(p)=s_0+bp \tag{4-1b}$$

其中，s_0 一般是负的，b 是正的，并且 b 常称为供应量对价格的敏感系数，它衡量生产者对价格变化的敏感程度。当把式（4-1a）和（4-1b）表示的两条曲线画在图4-1上，可以看出，在由市场供求决定价格的情况下，当供应量等于需求量时，处于平衡状态，即供求平衡。但是由于生产商品需要时间，商品生产时的价格并不一定等于销售时的价格，并且常常有一个时间差。如果生产者基于生产时的价格来组织生产，并假定市场每时都根据供求平衡来决定商品价格，那么价格将产生动态行为。

假定在 k 时间某商品的价格为 $p(k)$，生产者以此价格作为生产依据来组织生产。然而，由于生产过程需要时间，k 时刻开始生产的商品在 $k+1$ 时刻才能供应市场，则在 $k+1$ 时刻的供应量为

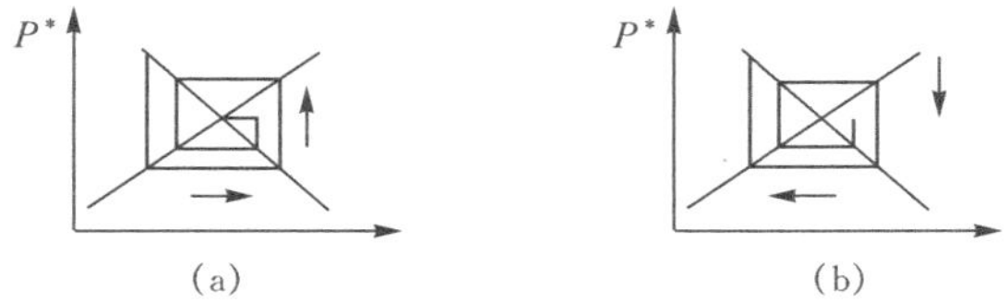

图 4-1 价格动态示意图

$$s(k+1)=s_0+bp(k)$$

而在 $k+1$ 时刻的市场价格又是根据该时的市场供求平衡来决定的，该时的价格与需求量关系为

$$d(k+1)=d_0-ap(k+1)$$

根据 $k+1$ 时刻的供求平衡，即

$$s(k+1)=d(k+1)$$

有

$$s_0+bp(k)=d_0-ap(k+1)$$

整理成标准的差分方程，即

$$p(k+1)=-\frac{b}{a}p(k)+\frac{d_0-s_0}{a} \tag{4-2}$$

令 $p(k)=p(k+1)$，便可以求出平衡价格

$$p^*=\frac{d_0-s_0}{a+b}$$

一旦市场形成这一理想价格，它将被无限期地保持下去。然而需要知道：①在任何给定初始价格后，是否能经过一段时间而趋于最终稳定的平衡价格。②任何小的干扰或偏差是否会导致价格无限地偏离平衡价格。为了回答这两个问题，下面给出一阶线性差分方程

$$y(k+1)=ay(k)+b$$

其解为

$$y(1)=y(0)+b$$
$$y(2)=ay(1)+b=a[ay(0)+b]+b=a^2y(0)+ab+b$$
$$\vdots \qquad \vdots$$
$$y(k)=a^k+\sum_{i=0}^{k-1}a^{k-i-1}b=\begin{cases}a^ky(0)+\dfrac{1-a^k}{1-a} & (a\neq 1)\\ kb+y(0) & (a=1)\end{cases}$$
$$=\begin{cases}\dfrac{b}{1-a}+\left[y(0)-\dfrac{b}{1-a}\right]a^k & (a\neq 1)\\ kb+y(0) & (a=1)\end{cases}$$

当 $y(0)$未知时，解的形式为

$$y(k)=\begin{cases}a^kc+\dfrac{b(1-a^k)}{1-a} & (a\neq 1)\\ kb+c & (a=1)\end{cases} \quad \text{其中 } c \text{ 为任意常数。} \tag{4-3}$$

其中，当 $a\neq 1$ 时，式(4-3)所表示 $y(k)$的解有两种意义：第一种意义表示 $y(k)$由两部分组成。一部分表示由初始值 $y(0)$转移过来对当前的影响，另一部分则是每个时间 k 都有一个输入 b 的历史累积对当前影响的效果。另一种意义表示 $y(k)$也由两部分组成，一部分是由不变量 $b/(1-a)$组成，可称为稳态部分；另一部分则是由变化的几何序列$\left[y(0)+\dfrac{-b}{1-a}\right]a^k$ 组成，可称为暂态部分。

首先利用式(4-2)求得式(4-3)的解，即

$$p(k)=\left(-\frac{b}{a}\right)^kp(0)+\frac{1-\left(-\frac{b}{a}\right)^k}{a+b}(d_0-s_0) \tag{4-4}$$

若 $b<a$，则当 $k\to\infty$时，由于$(-b/a)^k$ 趋于零，式(4-3)的解将趋于平衡价格

$$p^*=\frac{d_0-s_0}{a+b}$$

表明只要 $b<a$，无论初始价格如何，随着时间的推移，价格总可

以无限地趋于平衡价格。若 $b>a$，则当 $k\to\infty$ 时，$p(k)$ 不可能趋于平衡价格，价格波动将越来越大。图 4-1(a)表示 $b<a$ 的情况下价格趋于平衡价格的过程，图 4-1(b)表示 $b>a$ 的情况下价格越来越偏离平衡价格的过程。

(2) 蛛网膜型在房地产市场的应用[118]

本书通过蛛网膜型考察房地产市场的价格波动规律。蛛网膜型往往用来考察生产周期比较长的商品，房地产正属于此。一个基本假定是：房地产的本期产量 $s(k)$ 决定于前一期的价格 $p(k-1)$，即供给函数为 $s(k)=f(p(k-1))$，房地产本期的需求量 $d(k)$ 决定于本期的价格 $p(k)$，即需求函数为 $d(k)=f(p(k))$。根据以上假设条件，考虑如下模型

$$p(k+1)=-\frac{b}{a}p(k)+\frac{d_0-s_0}{a}$$

$$p(k)=\left(-\frac{b}{a}\right)^k p(0)+\frac{1-\left(-\frac{b}{a}\right)^k}{a+b}(d_0-s_0) \tag{4-5}$$

若 $|b|<|a|$，则说明供给曲线的斜率小于需求曲线的斜率，式 (4-5) 中的 $p(k)$ 是收敛的，即供应量对价格的敏感程度低于需求量对价格的敏感程度。在这种情况下，价格的波动对房地产的销量影响较大，价格升高，销量降低，导致商品房积压，开发商只能降价，最终达到平衡价格。

若 $|b|>|a|$，则式(4-5)中 $p(k)$ 是发散的，说明供应量对价格的敏感程度高于需求量对价格的敏感程度，价格升高对需求量影响的程度不大。这样，势必导致房地产价格的不断增长，且不能靠市场本身调节价格的回落，价格特征呈发散状增长。

通过区域市场的供求及价格情况，可以得到蛛网膜型的系数，从而可以判断房地产市场的价格走向，采取适合的宏观调控政策，保持房地产的稳步发展。

4.4.2 市场机制对房地产价格的影响

不必用复杂的理论和众多因素解释房价居高不下的原因，只用简单的供需关系来考虑影响房价的因素。任何商品的价格都围绕着其内在价值上下波动，但是短期内必然由供求关系决定。房地产这种大宗商品更不例外。供大于求，价格必跌；供小于求，价格必涨。

住房需求扩大，供给紧缩是我们目前，也是长期面临的最主要问题。自2003年以来，中国的GDP增长率连续多年在10%以上，城市化率上升也很快，2005年达到43%。随着宏观经济的稳定大幅增长，老百姓的生活质量也逐步提高，改革开放20多年后，进入了城镇居民提高生活质量、更换住房的高峰时期，尤其是这些居民为儿女购房的高峰时期。但是市场并未有相应数量的商品房供应。有关资料显示，从1996年开始，每年约需要新增600万套房屋，但实际上，除了2004年市场提供了历年来最多的400万套以外，其他几年每年只有300万套左右。供给远远少于需求量的这种现象使房价不可能不涨。

一方面，住房需求的增加导致房价的急剧上涨，房价的上涨又拉动了投资性购房的大规模增长，从而给房价上涨带来双重拉动效应。另一方面，从供给来看，土地需求旺盛，以至于土地价格持续高涨，进而带动房价上涨；再加上开发商无视消费者利益，为了追求高额利润而大量供应高档商品房，但中低档住宅却供不应求，必定要从总体上大大地拉高房价；更有甚者，一些城市的房地产企业公开或不公开地进行价格合谋，垄断定价。至2005年2月，上海的房价收入比已经达13倍，严重透支了未来。而根据世界银行的衡量标准，3～6倍才是一个国家居民经济能力可以承受的范围。

5 房地产市场绩效分析

市场绩效是指在一定的市场结构下，由一定的市场行为所形成的价格、产量、成本、利润、产品质量和品种以及在技术进步等方面的最终成果，反映了在特定的市场结构和市场行为条件下市场运行的效果，它可以从资源配置效率、产业的创新进步状况等方面衡量。

5.1 市场绩效理论概述

产业组织学对绩效的研究主要集中在两个方面：一方面是对绩效本身的评价，主要考虑各产业及企业的绩效高低问题；另一方面力图通过研究市场结构、行为与绩效的关系，寻找影响绩效的各种因素，进而制定各种政策，采用各种措施提高绩效[119-120]。

5.1.1 市场绩效的含义

一般说来，绩效是“对经济主体满足特定目标的评价，这些目标包括（但不限于）效率、平等、创新和增长等”[121]。由于评价对象不同，所以绩效分为市场绩效和厂商绩效两类。产业组织学的绩效一般指市场绩效。市场绩效是从消费利益的角度来定义的，是指“一个市场为消费者提供利益所取得的成功，例如市场价格接近生产的边际成本，则市场绩效较高。”[122-123]它以一定的市场结构为基础，通过企业行为来实现，反映了市场运行的效率[124]。厂商绩效是指行业中单个企业实现其特定目标（一般是追求利润最大化）的程度，可以用资产收益率和资本收益率等指标来衡量。如表 5-1

所示。

表 5-1 市场绩效的含义

市场绩效的主要方面	具 体 含 义
资源配置效率	① 内部效率（X效率） ② 配置效率：资源在各市场与厂商之间配置，使生产者剩余、消费者剩余和社会总剩余达到最大
公平分配	① 财富分配公平 ② 收入分配公平 ③ 机会分配公平
技术进步	较快地采用新的生产技术或者较快地生产出新产品
竞争过程	竞争本身提供了社会价值：自由选择，机会公开，多样化

5.1.2 市场绩效的评价

（1）收益率

经济学所说的收益常指经济利润而非会计利润。在资源配置状态最优化时，利润水平趋于平均化，每个企业只能得到包含正常利润的经济利润，此时超额利润为零。正的经济利润即超额利润，若所获取的收益率高于竞争水平，则表明存在正的经济利润。由于在实际中，经济利润只是在理想化状态下的利润水平，难以具体加以量化，因而在实证研究过程中，往往以会计利润加以近似替代衡量——通常用资本收益率和资产收益率等来衡量。

（2）勒纳指数

勒纳指数的表达式为

$$L=(P-MC)/P$$

其中，P 为产品价格，MC 为边际成本。

勒纳指数在形式上计量的是价格对边际成本的偏离程度，本质上它考虑的是垄断程度，它的取值在 0～1 之间变动，L 越大，表示垄断的程度越高。当 $L=0$，即 $P=MC$ 时，市场处于完全竞争状态。由于实际中产品的边际成本难以取得，所以在计算中，常用平均可变成本代替边际成本，这使得计算过程变得简单，但也会产生偏差。

（3）托宾的 Q 值

托宾的 Q 值是厂商的市场价值与资产的重置成本的比率（James Tobin，1969）。其表达式为

$$Q = V/C$$

其中，V 为厂商的市场价值（上市公司常用股票的市价表示），C 为重置成本。

若 $Q>1$，即市场价值大于重置成本，则表明它能赚取超额利润，这一利润是超过了该厂商存在于该行业所获得平均收益的超额所得，也表明存在较强的市场势力，厂商的收益率较高。

本章首先分析我国房地产业的一般绩效，使用勒纳指数法对房地产业进行绩效分析；然后应用 DEA 法，对房地产市场规模效率进行评价；最后研究房地产市场结构与市场绩效的关系。

5.2 房地产市场一般绩效分析

经过近些年的调整与发展，我国的房地产业保持了持续快速的增长，房地产市场绩效有了相当大的提高，房地产业为国民经济和社会发展作出了重要贡献，支柱产业的重要地位得以体现。

5.2.1 房地产市场绩效取得的成绩

我国房地产业的市场绩效的成绩主要体现在以下八个方面。

（1）加快了城镇住宅建设

1996—2005 年，我国城镇房屋竣工面积约为 30 亿平方米（见表 5-2 和图 5-1），约 5 亿平方米的危旧住房得到改造，近 5000 万个城镇家庭改善了住房条件。年均住宅竣工面积达到 3 亿平方米，

是改革开放以来年均住宅竣工面积的2倍以上。城镇人均住宅面积由1997年的17.6平方米提高到2002年的22平方米左右，户均住宅建设面积达到70平方米，可以满足居民基本居住需求。住宅功能、配套设施水平也有了明显提高。

表5-2　　1996—2005年我国房屋施工面积和竣工面积

年度	施工房屋面积/万平方米	施工面积增长率/%	竣工房屋面积/万平方米	竣工面积增长率/%
1996	47012	0.7	15357	3.2
1997	44986	-4.3	15820	3.0
1998	50770	12.9	17567	11.0
1999	56858	12.0	21411	21.9
2000	65897	15.9	25105	17.3
2001	79412	20.5	29867	19.0
2002	94104	18.5	34976	17.1
2003	117526	24.9	41464	18.6
2004	140451	19.5	42465	2.4
2005	164445	17.1	48793	14.9

数据来源：《中国房地产统计年鉴》，中国统计出版社。

（2）拉动了国民经济的增长

1998年以来，城镇住宅与房地产投资占GDP的比例由1997年的不到6%增加到7%～7.8%，并保持了较高的增长速度，每年拉动GDP增长1个百分点以上，带动了几十个相关产业的产出增加。个人住房支出大幅上升，对扩大居民消费发挥了重要作用。

近年来，我国房地产企业的投资额及销售额如表5-3、图5-2、图5-3所示。可以看出，近十年我国房地产投资总额以年均20%的速度增长，带动国民经济及相关产业的不断发展。随着投资额度的不断增长，房地产销售额也以年均24%的速度增大，这也从一个侧面反映房地产市场巨大的潜在需求，2005年的增长幅度达到

74.3%，也验证了房地产价格的增长。

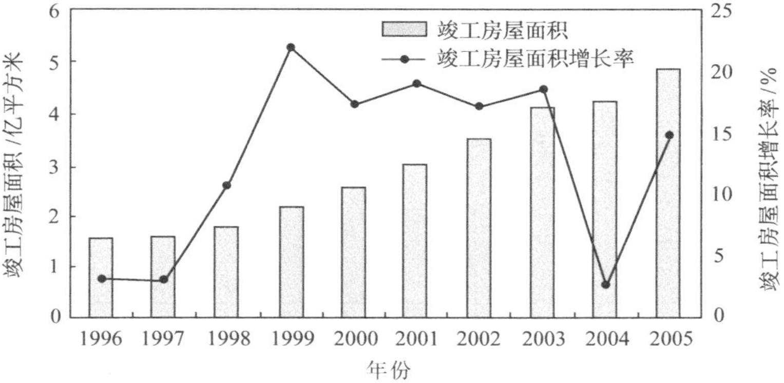

图 5-1　1996—2005 年我国房屋竣工面积及其增长率

表 5-3　　1996—2005 年房地产投资及销售总体情况

年度	完成投资总额/亿元	投资额增长率/%	商品房销售额/亿元	销售额增长率/%
1996	3216	2.1	1427	13.5
1997	3178	-1.2	1800	26.1
1998	3614	13.7	2513	39.7
1999	4103	13.5	2988	18.9
2000	4984	21.5	3935	31.7
2001	6344	27.3	4863	23.6
2002	7791	22.8	6032	24.0
2003	10153	30.3	7956	31.9
2004	13158	29.6	10376	30.4
2005	15795	19.8	18080	74.3

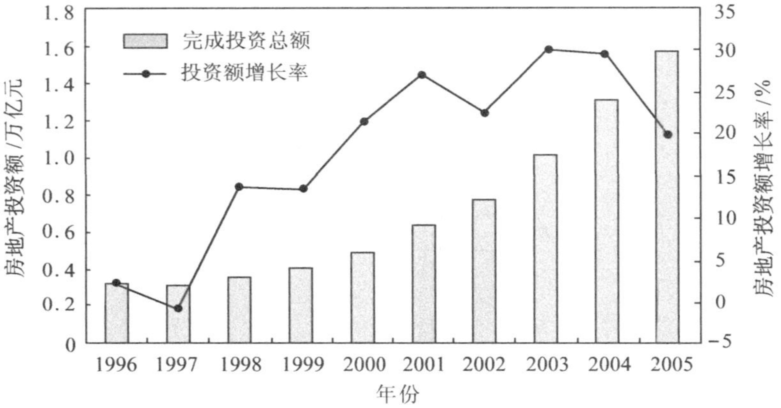

图 5-2　1996—2005 年我国房地产投资额及其增长率

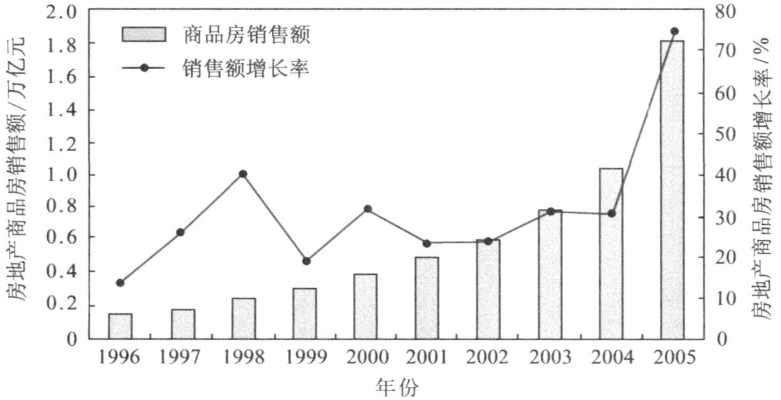

图 5-3　1996—2005 年房地产商品房销售额及其增长率

（3）加速了住宅市场化进程

深化城镇住房制度改革，特别是停止住房实物分配，逐步实行住房分配货币化，加速了住宅市场化进程，以市场配置资源为主的住房体制基本形成。2001年城镇居民个人购买商品住宅的比例比1997年提高了28.2个百分点，比1990年提高了66.5个百分点。住宅市场化全面提高了住宅与房地产业的运行质量，形成了从投资、交易、中介服务到物业管理协同发展的完整产业链，市场规模迅速扩大，产业地位极大提升。

（4）改善了居民家庭财产结构[125]

住房私有率的大幅度提高，有力地改善了城镇家庭的财产结构和城镇社会的财富分配结构。据国家统计局城市调查总队调查，截至2001年6月底，城镇居民家庭户均财产为22.83万元，其中房产价值10.94万元，占47.9%，是城镇居民家庭最大的资产；超出居第二位的金融资产13个百分点。按照全国城镇约1.31亿个家庭计算，城镇居民房产价值总额约为14万亿元。

（5）促进了城乡居民就业

“九五”期间，我国房地产业年均就业人员增长4.46%，仅次于社会服务业（5.55%）。房地产开发、评估、经纪、咨询类中介服务和物业管理等各类企业从业人员超过500万人，为相当一部分下岗、转岗人员提供了再就业岗位。另外，还通过带动建筑业的持续增长，间接地为农村剩余劳动力向非农业的转移作出了重要贡献。

（6）推动了经济体制改革

住房实物分配严重地扭曲了单位和职工的收入分配关系，影响了分配关系对提高效率、促进公平的作用，房改的深化对理顺分配体制起到了积极作用。房改把职工的住房问题从单位分离出来，减轻了企事业单位的社会负担，为改革单位社会体制、深化国有企业改革创造了条件；同时，发展了房地产市场和劳动力市场，有利于完善社会主义要素市场，健全社会主义市场体系。

（7）带动了城镇基础设施发展

由于实行房地产与城镇基础设施的综合开发和配套建设，在城市建设资金投入能力有限的情况下，房地产业的高速增长带动了城镇基础设施的发展，完善了城市功能。近五年来，城市道路总长度年均增长4.6%，城市人均绿地面积年均增长7.2%，轨道交通、地铁等得到迅速发展，涌现出了一批人居环境改善的优秀典范。

（8）房地产交易税收有较大增长

1998年以来，契税、房产税、营业税、土地增值税等都有较大幅度的增长。2000年和2001年，在全国地方财政收入中，契税收入由1998年的96亿元分别提高到131亿元和157亿元，分别比上年增长36.6%和19.8%；2002年1—11月，入库契税收入达195亿元。

尽管我国房地产业的发展取得了很大的成绩，市场绩效也获得了很大的提高，但同时房地产市场暴露的问题也比较突出，房地产市场部分绩效还处在比较低的水平。

5.2.2 房地产市场绩效方面存在的问题

5.2.2.1 房价持续增长，房价收入比增大

房地产投资和消费的持续超高增长造成房价持续大幅攀升，并越来越远离它的实际价值，超过消费者的承受能力。按照国际上衡量一个地区房地产价格高低的通行做法，一般认为，一个地区的房地产价格与当地人均收入之比在3～6倍之间比较合适。考虑到我国统计收入的口径与国外存在差异，经过调整后，房价收入比在6～8之间比较符合我国目前大多数人的消费水平。

近十年来房地产价格持续增长。特别是2004年以来，房地产价格增长速度过快；而居民的人均收入增长速度低于房价的增长速度，造成房价收入比不断走高，中低收入者买不起房的问题愈演愈烈。如表5-4所示。

表 5-4　1995—2005 年商品房、住宅价格及城镇家庭人均可支配收入

年度	商品房价格/（元/平方米）	商品房价格增长率/%	住宅价格/（元/平方米）	住宅价格增长率/%	城镇家庭人均可支配收入/元	城镇家庭人均可支配收入增长率/%
1995	1591	12.9	1509	26.4	4282.9	22.5
1996	1806	13.5	1605	6.3	4838.9	13.0
1997	1997	10.6	1790	11.5	5160.3	6.6
1998	2063	3.3	1854	3.6	5425.1	5.1
1999	2053	−0.5	1857	0.2	5854.0	7.9
2000	2112	2.9	1948	4.9	6279.9	7.3
2001	2170	2.8	2017	3.5	6859.6	9.8
2002	2250	3.7	2092	3.7	7702.8	12.3
2003	2360	4.9	2197	5.0	8472.2	10.0
2004	2714	15.0	2549	16.0	9421.6	11.2
2005	3242	19.5	3023	18.6	10493	11.4

（1）我国商品房价格及增长率

由图 5-4 可以看出，房地产价格随着年度不断增长，其增长率自 1996 年开始有明显下降，至 1999 年增长率开始回升，2003 年以后增长率明显增大，这也是近年来经济学家普遍关注的房地产是否存在经济泡沫争论的根源。

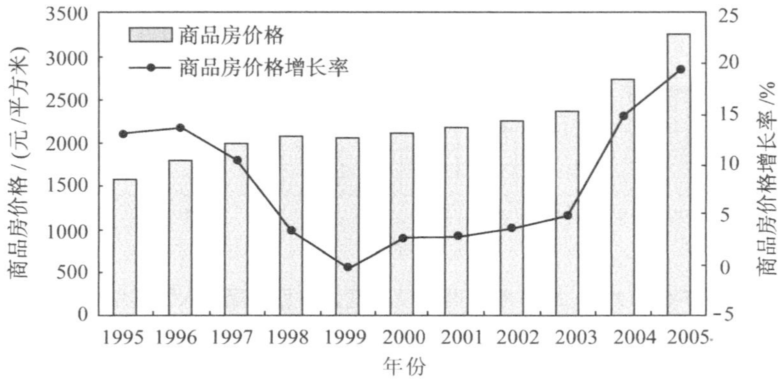

图 5-4　1995—2005 年我国商品房价格及其增长率

（2）我国住宅价格及住宅价格增长率（见图5-5）

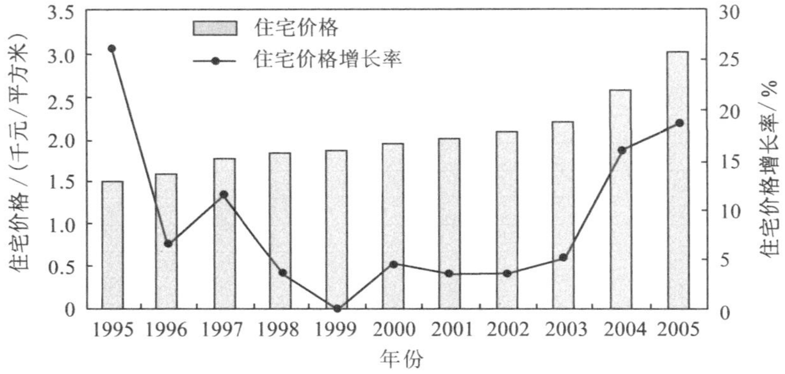

图5-5　1995—2005年我国住宅价格及其增长率

（3）城镇家庭人均可支配收入及其增长率（见图5-6）

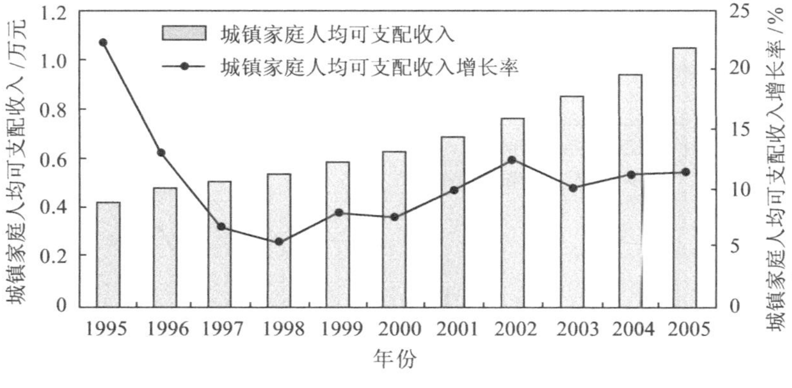

图5-6　1995—2005年我国城镇家庭人均可支配收入及其增长率

由图5-6可以明显看出，我国城镇家庭人均可支配收入逐年增长，但其增长率却波动较大；自1995年开始增长率不断下降，到1998年后增长率开始回升，这也是近年来人们希望改善住房条件的重要原因之一。

（4）商品房价格增长率与城镇家庭人均可支配收入增长率比较

由图 5-7 可以看出，1995—2005 年，在大多数时间内，商品房价格增长率始终高于城镇居民人均可支配收入的增长率，这也是目前一般家庭买不起商品房的原因之一。

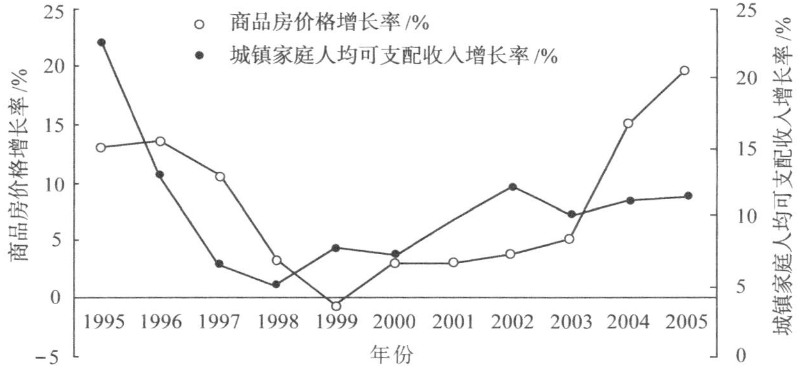

图 5-7 1995—2005 年商品房价格增长与城镇人均可支配收入增长比较

（5）房价收入比

表 5-5 1995—2005 年我国的房价收入比

年度	商品房价格 /(元/平方米)	城镇家庭人均可支配收入/元	房价收入比（100 平方米）	房价收入比（70 平方米）
1995	1591	4282.9	12.4	8.7
1996	1806	4838.9	12.4	8.7
1997	1997	5160.3	12.9	9.0
1998	2063	5425.1	12.7	8.9
1999	2053	5854.0	11.7	8.2
2000	2112	6279.9	11.2	7.8
2001	2170	6859.6	10.5	7.4
2002	2250	7702.8	9.7	6.8
2003	2360	8472.2	9.3	6.5
2004	2714	9421.6	9.6	6.7
2005	3242	10493	10.3	7.2

注：城镇居民家庭每户按三人计算。资料来源：《中国统计年鉴》（各年）。

从表5-5和图5-8可以明显看出，小户型商品房的价格相对较低，相应房价收入比就小，人们相对购买力就大。因此，多建低档、小户型的住房，是解决目前老百姓买不起房、买不到房的措施之一。

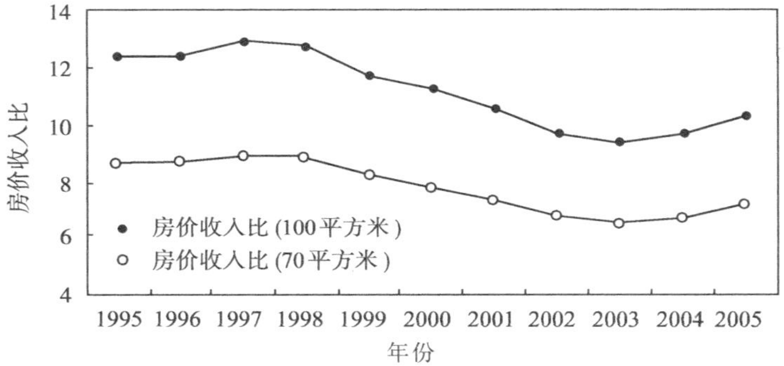

图5-8 1995—2005年我国房价收入比曲线

5.2.2.2 销售率大幅提升，但商品房空置面积仍然不容忽视

从表5-6可以看出，1998年我国房地产复苏以来，高涨的房地产市场需求不仅消化了大量的新建商品住房，而且使很多空置商品住房得到了解套，房地产销售出现了良好的势头，如表5-6和图5-9所示。

表5-6 1995—2005年中国商品房空置率

年度	房屋竣工面积/万平方米	最近三年房屋竣工面积/万平方米	商品房空置面积/万平方米	空置率/%
1995	14874	39074	5031	12.9
1996	15357	41868	6224	14.9
1997	15820	46051	7038	15.3
1998	17567	48744	8783	18.0
1999	21411	54798	10740	19.6
2000	25105	64083	10701	16.7
2001	29867	76383	11763	15.4
2002	34976	89948	12592	14.0
2003	41464	106307	12837	12.1
2004	42465	118905	16258	13.7
2005	48793	132722	14000	10.5

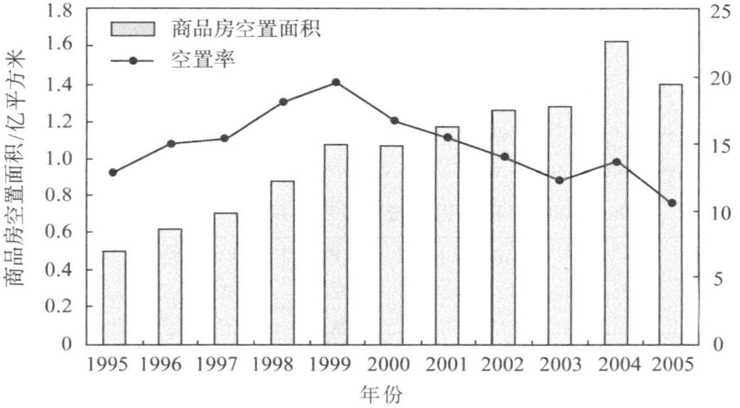

图 5-9 1995—2005 年我国商品房空置率

从图 5-9 可以看出，1999 年我国房地产空置率达到最高，之后开始下降，但 2003 年以后又开始上升。这是因为，我国住房体制改革所释放的巨大住房需求和经济快速增长所带动的住房消费作用开始显现，全国房地产市场形势一片大好。但随着市场的进一步发展，房地产市场供需结构矛盾变得越来越突出：一方面，面向广大中低收入阶层的住房供不应求；另一方面，高档商品住房积压严重，使行业空置率再一次上升。

商品房空置率可以从一定程度上反映房地产市场的供求关系和销售情况，它是衡量房地产业发展健康状况的重要指标。国外专家认为，当一个国家的商品房空置率在 3% 以下时，市场表现为房屋供不应求；当商品房空置率为 3%～10% 时，市场较为平稳，整个市场供应相对平衡，买方也有充分的选择余地；当商品房空置率大于 10% 时，房地产市场供应显得过剩；当商品房空置率大于 15% 时，房地产市场供应出现严重过剩。

5.2.2.3 房地产投资增长速度过快

我国房地产市场正处于快速增长阶段，它为这两年我国宏观经济的增长作出了重要贡献。但是，房地产开发投资相比国家固定资产投资增长幅度显得过快，已经对房地产业的持续健康成长构成潜在威胁。如表5-7和图5-10～图5-12所示。

表5-7 1996—2005年我国固定资产投资、房地产投资总额及其增长率

年度	固定资产投资/亿元	固定资产投资增长率/%	房地产投资/亿元	房地产投资增长率/%	房地产投资占总投资比例/%
1996	22914	14.5	3216	2.1	14.0
1997	24941	8.8	3178	-1.2	12.7
1998	28406	13.9	3614	13.7	12.7
1999	29855	5.1	4103	13.5	13.7
2000	32918	10.3	4984	21.5	15.1
2001	37213	13.0	6344	27.3	17.0
2002	43500	16.9	7791	22.8	17.9
2003	55567	27.7	10153	30.3	18.3
2004	70477	26.8	13158	29.6	18.7
2005	75096	6.6	15795	19.8	21.0

（1）我国固定资产投资及其增长率

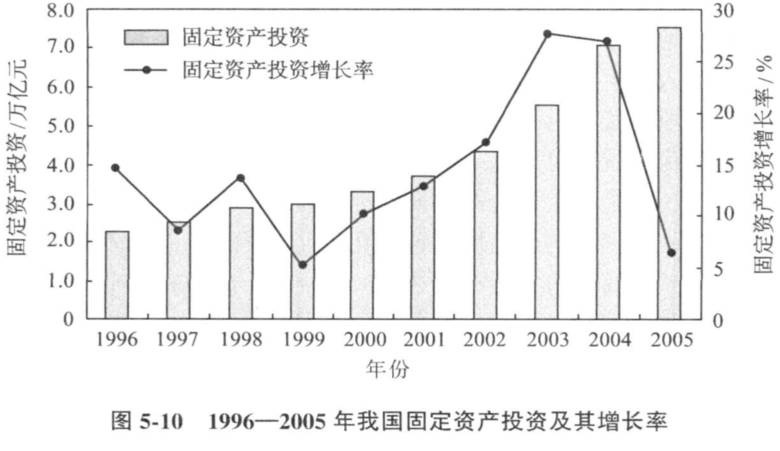

图5-10 1996—2005年我国固定资产投资及其增长率

(2) 我国房地产投资及其增长率

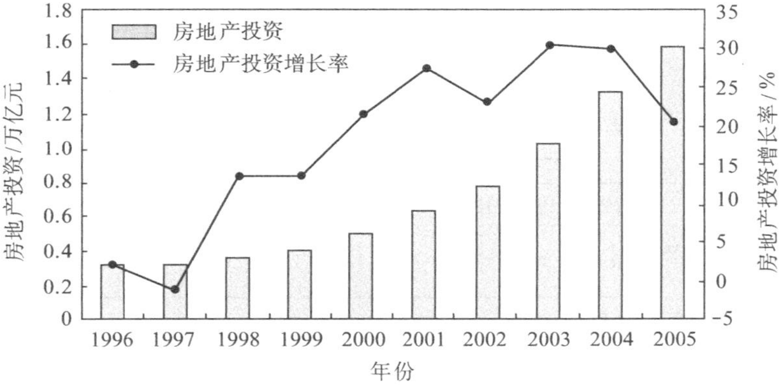

图 5-11 1996—2005 年我国房地产投资及其增长率

(3) 我国固定资产和房地产投资增长率比较

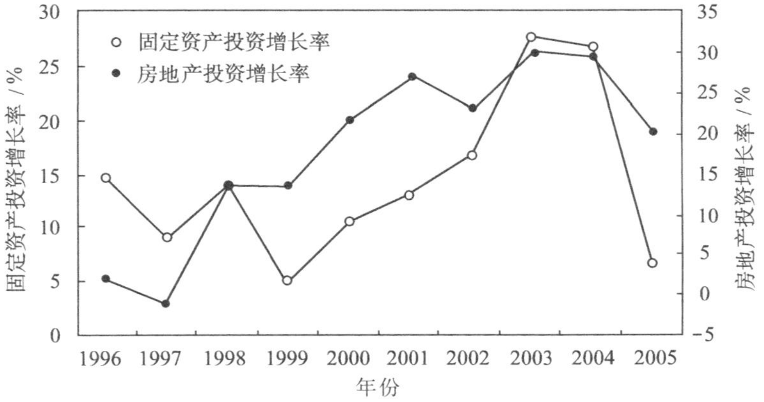

图 5-12 1996—2005 年我国固定资产和房地产投资增长率比较

5.2.2.4 行业总体利润水平还比较低[126]

近几年，我国国民经济保持了较为强劲、健康的增长。事实上，通过对有关资料的深入分析，我们发现，我国房地产业这些年的高利润更多的是由于我国国民经济快速增长所致，并非市场绩效高的体现。若除去经济增长贡献，则房地产行业利润率还比较低，如表5-8所示。

房地产行业年均利润率等于年营业利润除以年经营总收入。

表5-8　　1996—2005年度房地产行业年均利润率

年度	1996	1997	1998	1999	2000	2001	2002	2003	2004	2005
房地产行业年均利润率/%	0.91	−4.66	−3.61	−1.16	1.62	2.29	3.60	15	8.27	20

数据来源：《中国房地产统计年鉴》

5.2.2.5 房地产企业规模经济普遍较低，行业整体运行效率差

按照经济学界普遍的观点，规模经济使企业规模扩大以及生产产量增加导致企业成本的递减和收益的增大。一般表现为“长期平均成本下降”，即长期平均成本曲线呈现下降趋势，而下降的最低点即为企业生产的“最小有效规模”[127]。对于房地产产业而言，规模经济规律与企业资产、开发量、企业规模状况以及单个楼盘开发规模等因素关系密切，最小有效规模要求相应也较高。但我国目前房地产开发企业的规模效益表现还不明显，与拥有较高规模效益的大公司相比还存在很大差距。

5.3 房地产市场结构与房地产市场绩效关系的研究

5.3.1 市场结构与市场绩效关系的理论争论

市场结构与绩效的关系是产业组织学研究的核心问题[128-129]。大体说来，哈佛学派与芝加哥学派及其相异的两种假说（即传统共谋假说和有效结构假说），代表了这一问题的两种理论观点。

(1) 传统共谋假说

早期的正统产业组织理论是单向静态的 SCP 框架，强调结构的决定作用，认为市场结构是外生的主导变量，市场结构决定市场行为，进而决定市场绩效。其机理在于：集中度较高的市场导致不完全竞争，降低了大企业间的共谋成本，使其运用市场力量来获取超额利润（如限制产量、提高价格），从而使企业的利润率提高。在这一框架中，市场结构与绩效是通过企业间是否存在共谋而联系起来的，因此被称为共谋假说。

哈佛学派的后继者对静态的 SCP 框架进行了修正和补充，使其动态化。他们认为（Scherer，1970；Shepherd，1979），市场结构在决定企业行为和绩效的同时，也受到企业行为和市场绩效的反向影响，三者之间是双向动态的关系，但市场结构仍然是主导因素，如图 5-13 所示。

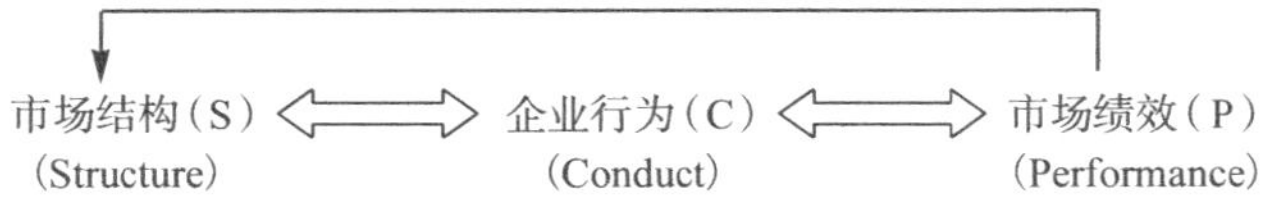

图 5-13 S-C-P 动态关系图

图 5-13 的基本含义是本期的市场结构决定当前及以后的企业行为和市场绩效，而本期的市场结构又受到上期市场绩效特别是上期企业行为的影响。

(2) 有效结构假说

非主流的芝加哥学派认为，结构、行为、绩效之间没有必然的因果关系，高效率的企业具有更先进的管理和生产技术，能降低成本，增加利润。超额利润来源于大企业在生产和配置方面所具有的高效率，而非市场集中条件下的垄断定价。市场竞争的结果使得非效率企业被淘汰，高效率企业留存下来，结果导致更高的市场集中度[130]（Stigler，1968；Demsetz，1973；Peltzman，1977）。在他们看来，市场结构与绩效之间存在表面上的相关性，但这种相关是“伪相关”，它们并无内在的因果联系，都是由效率共同决定的。

5.3.2 市场结构与市场绩效关系的分析

5.3.2.1 模型构建与变量设定

Smirlock（1984，1985，1986）、Evanoff 和 Fortier（1988）、Molyneux（1994）等采用如下模型，对上述两个假说进行了检验。结果显示，这两个假说均可能成立[131]。

$$R = \beta_0 + \beta_1 CR + \beta_2 MS + e$$

式中：R——企业绩效的测度；

CR——市场集中度；

MS——企业的市场份额（代表其经济效率）；

e——随机误差项。

Smirlock（1985）指出，若 β_1 显著大于零、β_2 等于零，则共谋假说成立；若 β_1 等于零、β_2 统计上显著大于零，则效率结构假说成立。但 Sheperd（1986）提出了修正的效率结构假说。他认为，绩效的变化应该由效率和市场份额的影响来解释，因为市场份额含有与效率无关的因素，如市场势力或产品差异。Berger（1995）也在模型中加入直接测度的效率变量，推导出一个简单的回归方程，以再次检验共谋假说和效率结构假说，即

$$R = \beta_0 + \beta_1 CR + \beta_2 MS + \beta_3 EF + e \tag{5-1}$$

这里的 EF 为 DEA 模型直接测算的综合效率值。在对方程（5-1）估计的基础上，有关市场结构与市场绩效的不同解释假说可以归纳如下（Timme 和 Yan，1991）：

$$\frac{\partial R}{\partial CR} > 0, \quad \frac{\partial R}{\partial MS} = 0, \quad \frac{\partial R}{\partial EF} = 0 \tag{5-2}$$

$$\frac{\partial R}{\partial CR} = 0, \quad \frac{\partial R}{\partial MS} > 0, \quad \frac{\partial R}{\partial EF} > 0 \tag{5-3}$$

方程（5-2）表示共谋假说成立，方程（5-3）表示修正后的效率结构假说成立。

5.3.2.2 Berger 模型在房地产市场的实证研究

为了考察我国房地产业市场结构与市场绩效的相关性，本书将使用 Berger 模型对我国房地产市场的数据进行回归，以检验共谋假说和效率结构假说在我国房地产业中的适用度。

（1）变量选取

① 绩效变量 R。房地产企业作为经济实体，盈利是其生存和发展的基础，因此选择房地产企业资产利润率作为绩效变量。

② 市场结构变量 G。选取房地产企业的产业基尼系数 G 表示产业的市场集中度（CR）。

③ 市场份额 MS。选取房地产企业销售面积与总销售面积比值来代表房地产企业的市场份额。

④ 效率变量。采用 DEA 方法测算的房地产企业的综合效率数据来表示[132-133]。

（2）实证检验

将方程式（5-1）变形为

$$R = \beta_0 + \beta_1 G + \beta_2 MS + \beta_3 EF + e \tag{5-4}$$

根据模型变量数值，对方程式（5-4）进行多元线性回归，可以得到市场结构与市场绩效的具体关系模型，然后根据式（5-2）和式（5-3）判断房地产市场结构与市场绩效的关系。

5.4 应用改进的勒纳指数法对房地产市场绩效进行评价

5.4.1 勒纳指数

产业组织学的绩效一般指市场绩效。市场绩效是从消费利益的角度来定义的，是指“一个市场为消费者提供利益所取得的成功，例如市场价格接近生产的边际成本，则市场绩效较高”。

勒纳指数的表达式为

$$L = \frac{P - MC}{P}$$

式中：P——产品价格；

MC——边际成本。

勒纳指数在形式上计量的是价格对边际成本的偏离程度，本质上它考虑的是垄断程度，它的取值在0～1之间变动，L越大，表示垄断程度越高。当$L=0$，即$P=MC$时，市场处于完全竞争状态。从市场绩效的角度考虑，勒纳指数愈小，市场绩效愈高；反之，勒纳指数愈大，市场绩效愈低。

5.4.2　改进的勒纳指数

勒纳指数是西方经济学家在完全市场经济条件下得出的结论，如本书第3章所述，我国目前处于经济转轨时期，经济状况比较复杂；而房地产由于自身的特点，有别于其他商品属性。因此本书认为，不能用原始的勒纳指数直接地考察我国房地产业的市场绩效，而必须根据我国的实际情况进行改进，以便达到理论与实际相结合的目的，从而对解决我国的实际问题给出合理的建议。

(1) 我国房地产市场目前的经济特征

① 宏观经济特征。我国目前正处于经济转轨时期[134-135]，计划经济加快转向市场经济，经济增长以市场调节为主。改革开放以后的很长时间内，国有企业、国有银行、政府管理部门组成的计划管理体系仍然在很大范围内发挥着配置资源的作用——通常称之为“计划轨”。随着改革的逐步深入，特别是随着市场竞争加剧，国有企业开始从竞争性领域加快退出，依托国有经济的政府相关管理部门、国有商业银行等也都随之转变职能。“计划轨”加快转向“市

场轨”，市场配置资源的范围不断扩大，经济增长以市场调节为主。供求总量关系、积累与消费的比例、产品结构、产业结构等关系，都处于市场调节的状况下，都主要由市场决定。行政主导对各种直接的调控措施反应灵敏，而市场主导则对各种影响微观效益的间接措施反应灵敏。因此，随着资源配置方式的转变，宏观调控也面临新的课题，一些市场化的调控手段需要加快研究和付诸实施。

② 我国房地产开发市场经济特征。目前我国房地产市场开发存在两种经济形势：一种是以市场经济为主，通过市场调节资源配置、价格等；另一种是政府机关企事业单位等以计划经济为主开发的房地产项目，通过垄断集权方式控制资源配置及房地产价格。因此，市场上房地产价格由这两种形态下的价格平均构成。

（2）改进的勒纳指数

① 房地产价格 P 的取值。设房地产市场平均价格为 P，可得方程式

$$P_1 = P$$

$$P_2 = P - \varepsilon$$

式中：P_1——市场经济下的房地产价格；

P_2——计划经济下的房地产价格；

ε——计划经济下的价格补贴值

$$\varepsilon = P_{21} + P_{22} + P_{23} + \alpha$$

式中：P_{21}——工龄补贴值；

P_{22}——原住宅成本补贴值；

P_{23}——所在职位的补贴值；

α——其他补贴值。

目前我国房地产市场中，市场经济下的比例因为区域不同而数值不等。东部沿海地区，由于市场经济发展的速度相对较快，市场经济所占的比例就比较大；而市场经济发展速度较慢的地区，计划

经济所占的比例就比较大。所以，不同的地区对应不同的市场绩效。

② 边际成本 MC。设市场经济下的房地产边际成本为 MC，则

$$MC_1 = MC$$
$$MC_2 = MC - \eta$$

式中：MC_1——市场经济下的房地产边际成本；

MC_2——计划经济下的房地产边际成本；

η——市场经济下成本补贴值，包括土地补贴、材料补贴、交易成本补贴等。

③ 改进的勒纳指数。

$$L \Rightarrow \begin{cases} L_1 = \dfrac{P_1 - MC_1}{P_1} \\ L_2 = \dfrac{P_2 - MC_2}{P_2} \end{cases}$$

设 K_1 为考察区域中市场经济下所占的开发比例，K_2 为考察区域中计划经济下所占的开发比例，则改进的勒纳指数

$$\bar{L} = K_1 L_1 + K_2 L_2$$

6 房地产市场风险分析与评价

6.1 房地产市场风险的含义及表现形式

(1) 房地产市场风险的含义

房地产是指土地、建筑物以及其他地上定着物，包括物质实体和依托于物质实体的权益。不可移动性是其与劳动力、资本及其他类型商品的最大区别。房地产市场是商业性的产权市场，是我国市场经济的重要组成部分，可以理解为房地产交换关系，即房地产流通关系的总和，包括市场供应、需求与流通等方面，是房地产经济运行的基础。

现代经济生活中的风险主要来源于市场本身和为调控市场而采取的政策措施两个方面。房地产市场风险是由于市场和政策调控原因而导致的房地产供应与需求之间的矛盾，从而造成个人、企业和社会财富的损失。由于房地产市场的特性，供应与需求之间难以平衡，因此房地产市场风险的存在有其客观必然性。但是风险存在的程度如何，影响有多大，则需要主观的认知和探索。

(2) 房地产市场风险的表现形式

房地产市场的风险通常是指房地产泡沫。纵观各国房地产市场投资的潮涨潮落，房地产市场风险一般表现为价格变化、投资增长变化、房屋空置与短缺。

① 房地产价格的涨落。房地产价格的微幅上扬或下降是市场经济的必然结果。但是，房价持续大幅度上涨或狂跌，则说明风险的存在。房价的持续大幅度增长或居高不下，一方面反映了市场供

给不能满足真实需求，由于房地产供给的滞后性，必将导致投机需求增加，进一步促进房地产价格增长，使房地产价格与其价值相背离；另一方面可能是由于投机和炒作、地价的虚涨引起的房价虚高。不论哪种情况导致的房价持续大幅度增长或居高不下，都会导致房地产市场风险程度增大。房地产价格的大幅度下降，一方面是由于房地产市场供大于求，造成市场疲软，将导致价格进一步下降；另一方面是由于房地产市场泡沫或虚火熄灭后，造成房地产市场价格的走低，从而引起金融资产的流失，危害整个房地产业的健康持续发展，进而对国民经济发展造成负面影响。

② 房地产投资膨胀或萎缩。按照经济学的一般规律，房地产投资应该与房地产消费增长率相适应，力求平衡供求关系。但区别于各国、各地区的经济发展阶段与发展状况，在发展中国家的经济起飞阶段，房地产投资增长率略大于消费增长率，形成供略大于求的市场局面，对促进房地产业的发展和刺激经济增长是有利的。但当房地产投资过度膨胀，持续高于同期房地产消费增长，必将导致供过于求，造成商品房严重滞销，还贷困难，风险损失增大。房地产投资萎缩，在一定程度上可以化解由于膨胀引发的市场风险，但同时，持续萎缩不仅不利于房地产业对国民经济发展拉动作用的发挥，还将引发房地产投机增长，导致风险增加。

③ 房屋空置或短缺。在房地产市场供求关系中，一定的商品房空置率是正常的。一旦超越过多，引起供给过剩，必然导致房地产风险程度增大。但若供求短缺，不仅会制约房地产需求，进而影响社会总消费需求，还可能导致社会不稳定。

按照通用的国际经验数据，商品房空置率在10%以内时，这种经济泡沫是正常的。若超越过多，则会引起严重的供给过剩，就会形成泡沫经济。2006年有关部门发布的数据显示，我国商品房空置率高达26%，已经属于严重存在风险。

6.2 房地产市场风险的成因分析

房地产企业是市场的主体，产业结构的状况直接影响产业行为，也是产生市场风险的根源之一。房地产的主要依托载体是土地，而土地又是作为生产资料参与市场经济活动的；由于其本身所特有的稀缺性、不可再生性和不可移动性等特点，使得市场参与各方对土地产生强烈的偏好。随之对土地的持有和投资也不断增加，当这种资本投资增加超过土地本身价值以后，土地将逐步显现其孕育的风险。本节将从产业结构及市场经济两个侧面分析市场风险产生的原因。

6.2.1 房地产市场结构与市场风险

产业组织理论认为，市场结构决定市场行为，市场行为决定市场绩效，而市场绩效又会反作用于市场行为和市场结构，三者之间是相互影响、相互作用的。从第5章的分析中知道，企业为了追求利润最大化，导致房地产价格节节攀升，高档商品房空置，而中低档商品房供不应求等，这都将导致房地产市场风险。

6.2.1.1 房地产企业过度进入导致房地产市场风险

从第5章对房地产市场结构的分析中知道，目前房地产企业普遍存在自有资金较少，资产负债率过高的事实；同时因为进入房地产行业的各种壁垒失效导致房地产企业过度进入，使得企业的总体规模过小，抵御风险的能力较低，外界宏观经济发生风吹草动，如银行利率变化、货币供应变化等，都会间接引起房地产的市场风险。另外，房地产企业的过度进入，直接导致房地产投资增长速度过快，也是产生风险的原因之一。

（1）我国房地产市场结构现状

从我国房地产业的主要经济指标来看，自1998年起房地产业开始回升，2000年销售面积为16984.14万平方米，比1999年的13380.6万平方米增长26.93%，这说明房地产业在经过大起大落之后，进入了稳定发展阶段。为了推动房地产市场结构的优化，我国开始对房地产开发企业实行资格认证，房地产开发企业按照企业条件分为四个等级，未取得房地产开发资质等级证书的企业，不得从事房地产开发经营业务。衡量企业资格的标准主要有注册资本、专业技术人员数量及职称，从事房地产开发的年限、开发面积、工程质量等。其中一级资质企业要求注册资本不低于5000万元，二级资质企业不低于2000万元，三级资质企业不低于800万元，四级资质企业不低于100万元。到2002年底，我国共有房地产企业32618家，其中具有一级资质的企业仅有396家，占总数的1.2%；二级资质的企业2824家，占总数的8.7%；三级资质的企业12671家，占总数的38.8%；其他占51.3%。如表6-1所列。

表6-1　　全国房地产行业企业状况

年度	企业总数/个	一级资质企业数/个	二级资质企业数/个	三级资质企业数/个	平均完成投资额/万元
2000	27303	454	2956	11119	1825
2001	29552	376	2775	11761	2147
2002	32618	396	2824	12671	3107
2003	37123	451	3214	14421	2735
2004	59242	584	4538	17348	2221

资料来源：《中国房地产统计年鉴》。

从表6-1可以看到，2000年至2001年房地产企业总数由27303家增至29552家，一年内增长2249家，增幅达到8.2%，而2001年至2002年，企业总数由29552家猛增至32618家，一年内增长3066家，年增幅达到10.4%。从企业资质的角度看，一、二级资质的企业个数增幅不是很大，而三级及三级以下的企业增幅较大，这与规模经济要求相差甚远，资源利用效率低。由此可见，在房地产行业不存在很强的进入壁垒，必将导致很多专业水平低，以前从来没有从事过房地产业的企业，利用多种渠道得到资格认证，进行房地产开发，造成资源的极大浪费。

（2）市场结构现状导致市场风险

表 6-2　　全国房地产行业状况

年度	企业总数	完成投资总额/亿元	开发面积/万平方米	购置土地面积/万平方米	竣工房屋面积/万平方米	实际销售面积/万平方米
1999	25762	4103	9320	11959	21411	14557
2000	27303	4984	11666	16905	25105	18637
2001	29552	6344	15316	23409	29867	22412
2002	32618	7791	19416	31357	34976	26808

从表 6-2 可以看出，1999 年以来，随着房地产企业总数的不断增加，房地产投资总额在不断增大，至 2002 年，已经完成投资总额 7791 亿元，四年内增幅达到 3688 亿元，年均增长 22.5%；开发面积由 1999 年的 9320 万平方米增加到 2002 年的 19416 万平方米，增幅达 10096 万平方米，年均增长 27%。

由此可以得出结论：①由于房地产业市场本身进入“门槛”过低，在旺盛的市场需求、非理性的预期利润率、进入主体多元化的情况下，形成企业的过度进入；②企业的过度进入导致房地产投资速度、投资金额不断增大，造成一定的房地产经济泡沫，即形成房地产市场风险。

6.2.1.2　房地产的市场行为导致房地产市场风险

房地产市场行为主要指房地产的价格行为。近年来，企业为了追求利润最大化，导致房地产价格不断攀升，争相建造高档住宅，使得房价收入比不断增大，出现老百姓买不起房和高档住宅空置的共存现状。房地产空置率过高，部分楼盘有价无市，导致严重的房地产市场风险。

近几年来，房价持续不断地攀升，并有继续上涨的趋势。2006年11月13日，国家发改委、国家统计局联合发布了全国70个大中城市10月份的房屋价格调查。调查结果显示，70个城市房价同比上涨6.6%，北京涨幅高达10.7%，列全国第一。2005年以来，出台了一系列旨在平抑房价的宏观调控政策，然而房价却逆势走高。粗略估计，2004年以来全国商品房新开楼盘均价上涨50%以上，广州涨了80%，北京涨了1倍，上海涨了2倍。

虽然近年来国家开始对房地产业加大了调控力度，但是供给量没有明显扩大，价格不会明显下跌。而且以后随着土地供应的减少，商品房的供应更会捉襟见肘。供不应求的局面既已至此，必然导致市场通过提高房屋价格来平衡有效供需。

6.2.2 市场经济与房地产市场风险

（1）房地产市场内部风险形成机制研究

房地产本身属于实体经济的范畴，但是房地产资产除了给人们提供居住服务以外，还具有良好的保值增值功能。因此，房地产的产权经常成为借款信用的担保，这样，房地产资产的产权在宽松的金融政策支持下，具有虚拟经济的特点。由于某种特殊原因，出现房地产价格的初始上涨后，在投资增值的愿望驱动下，部分居民以房地产抵押获得贷款，用于购买新的房地产，这样，房地产市场就是以放大了的居民的购买力来支撑，房价的继续上涨也就顺理成章，于是更多的居民获得抵押贷款并投入到房地产市场，涨价增值了的房地产又被抵押。如此循环往复，房地产的价格不断上涨，也就是独立于房地产资产（实体经济范畴）之外的房地产产权（虚拟经济范畴）价格不断膨胀，使房地产市场内部的风险迅速积累和扩大。另外，由于房地产资产涉及面广、资产价值量大，房地产市场的振荡和房地产风险扩张将会对社会经济产生极大的危害，在严重的情况下，将发展成泡沫经济，对整个经济的运行造成重创。因此，有必要对房地产风险产生的内部原因进行深入的研究，通过研究，寻求化解风险的方法。

通过分析，可以将房地产市场内部风险形成因素分为以下两个主要方面。

① 土地资源的稀缺性和土地供给弹性小的特点。众所周知，土地是房地产经济活动的载体，而土地的最大经济特征是稀缺性，与其他生产要素相比，土地的供给弹性最小。土地供给的稀缺性、垄断性与土地需求的多样性和投机性，必然会导致土地价格的上扬，从而使房地产价格偏离资产的实际价值，为风险的积累和生成提供了基础条件。

② 房地产市场信息的不对称性。在健全的市场环境下，房地产的价格应该等于其重置价格，并受到供求关系的影响。即使在这样的环境下，由于房地产不存在中心交易市场，交易成本高，价格由双边谈判决定，缺乏可用的信息和透明度不高等客观原因也会造成信息不对称。在信息不对称的情况下，过度炒作常常会导致投资者高估或低估未来收益，很难对市场作出准确的判断。当房地产价格趋高时，会刺激供给方的投资。同时，房地产的建筑周期长，一旦房产建成时的市场形势与投入时相比已经趋降，那么供给的增加会进一步拉动价格下降，形成负反馈。在目前我国房地产市场机制尚不健全的情况下，信息往往很不对称，这又加大了房地产市场风险的可能性。

（2）房地产市场外部风险形成机制研究

还可以从房地产市场外部探索其风险形成的原因。通过内、外两方面共同治理，将会更好地化解风险。房地产市场外部风险也可以分为两个方面。

① 逆选择和道德风险。房地产是一个资本密集型产业，其发展离不开金融的支持。但是，在金融体制不健全的情况下，信息不对称会给银行带来逆向选择问题，使那些冒险精神强、信誉差、最

有可能造成不利（逆向）结果的借款人获得贷款，从而给银行带来信用风险。此外，银行体制不健全，盲目地追求市场份额和信贷规模，忽略对借款企业或个人资信的审查和跟踪调查，低估了投资项目潜在的风险。这种道德风险在房地产价格上扬、抵押物市值不断攀升时，常常不易被察觉。大量银行资金的介入，会加快资产价格的膨胀和泡沫的产生。

② 政府干预失误。由于以住宅为主的房地产具有投资品和消费品的双重特性，因此政府对房地产的干预比其他市场要多得多。其干预的方式除以城市规划、土地政策、利率政策、税收政策鼓励和引导企业与私人投资外，还包括政府直接投资或转移支付（补贴）等。但是，同市场不是万能的一样，政府的干预也有正、负两种效应。利用手中的权力为自己的短期政治目标、经济目标服务，就不可避免地导致政府干预的失误。

6.2.3　其他市场风险形成的原因

人的“非理性”也将导致房地产市场风险。正统经济学一直以“理性人”为理论基础。而实际上，人们的行为不仅受到利益的驱使，而且受到多种心理因素的影响。2002年诺贝尔经济学奖得主卡尼曼的前景理论通过对人的行为经济学研究得出三大定律：大多数人在面临获得的时候是风险规避的；在面临损失的时候是风险偏爱的；对损失比对获得更敏感[136]。具体反映到房地产市场中，可以简单地概括为“买涨不买跌”的心理和行为。同时，人们的“从众心理”导致的“从众行为”也将造成房地产资产价格大幅度上升或下降，导致市场的波动和风险。

（1）预期

经济学中的预期本质上是对同当前决策有关的经济变量的未来值的预测。英国古典经济学家阿·马歇尔把萧条遍及大部分经济领域的根源归结为“信息的动摇”，从而使心理预期因素受到越来越多的关注。它作为影响经济波动的因素，也被列入众多经济学家的研究范畴。心理预期对房地产市场运行的影响力已经远远超出了马歇尔和凯恩斯所处的时代的影响。房地产市场运行的稳定性远远比不上经济运行的稳定性，房地产市场风险比农业危机和工业危机等形式的经济危机形势更为常见、普遍，传播速度更快，破坏力更强，一个重要的原因是受到房地产市场主要心理预期变动的巨大影响。

① 需求的影响因素有两层含义：第一，从购买意愿看，需求与个人偏好有关，进一步看，由于个人的理性化假设，使得个人在进行消费选择时，会寻求个人效用最大化。第二，从支付能力看，个人的需求是多方面的，对于多方面的需求的支付受到个人可用于消费的财富的制约。对上述两方面的综合构成微观经济学所研究的消费者效用最大化问题。研究结果表明，在实际的经济现象中，消费者的预期起着举足轻重的作用，比如，当消费者预期商品房价格将要降低时，他就可能推迟购买，从而减少了现期的购买和预期的需求；相反，则增加了现期的购买。这就是所谓的“买涨不买跌”。

② 在供给方面，本书从房地产企业的生产组织过程展开分析。企业在运作房地产项目时，首先根据市场的情况、自身的约束条件和利润最大化原则，制作出项目的运作计划，然后根据计划展开实施，直至产品推向市场。这样才形成了房地产企业对产品的供给。而在实际经济生活中，当企业确信商品房在下一期的价格将上升时，他将大量囤积地皮，这样，一方面导致下期房地产商品的供应增加；另一方面由于土地供应的稀缺性，造成土地价格的上涨。显然，几个上涨的预期对于供给的影响，会导致房地产商品生产中成本的上升，并进而有可能推动房地产商品价格的上升。

显然，以上关于预期对需求、供给的影响的简要分析表明，当市场上产生房地产价格上涨的预期时，一方面消费者会增加对房地产商品的购买，使产品价格产生上涨的动力；另一方面供应厂商由于生产成本的推动，也产生涨价的愿望，从而最终真的实现了房地产商品价格上涨。这也就是经济学中所谓的“自我实现的预期效应”。由于这种价格上涨并没有自我收敛的边界，从而使得价格的上涨会一直实现下去，并推动价格泡沫的膨胀，形成市场风险。

（2）从众心理

事实上，以上分析中具有一个重要的隐含内容，即个人的从众心理。从众行为理论是从心理学角度研究经纪人在信息不完全、未来不确定环境下的行为理论。从众行为的表现是：当由于信息不对称或者信息识别能力的差异使某个参与人掌握的信息不充分时，它往往从其他参与人的行为中提取信息，从而采取类似的行为。扈文秀[137]和席酉民[138]（2001）对从众行为与投机性泡沫的关系的研究结果表明，投机市场在没有外界干扰且内在价值按照正态分布的情况下，只要存在从众行为，市场价格就会出现无规则的波动[139-140]，且市场上从众行为程度越高，波动价格越激烈，因而，投机泡沫中非理性泡沫成分越大，越有可能造成市场风险[141]。

（3）投机

在市场中，投机是一种普遍行为，它是指投资者根据所掌握的市场信息，对某一资产价格作出一定的预测，据此作出相应的买卖行为，以赚取价差的行为。它与人们通常所说的投资有着本质的差异，具体表现在以下几个方面。

① 两者的根本目的不同。投资主要是通过资产的实质运作获得资本增值，它与实质经济的增长具有一定的对应关系。而投机的目的主要是赚取资产的买卖差价，它与实质经济的增长没有内在的本质联系。

② 两者的市场表现不同。投资和投机具有不同的出发点，而其在行为上的表现就是两者持有资产的时间和持有资产后的行为存在明显差异：投资具有长期稳定性和开发连续性，投机则具有短期性和不确定性。

③ 两者的市场风险和收益特征不同。一般来说，投资仅受到企业经营风险的影响，它取决于企业的经营情况和对市场的判断，所以它的风险一般不会很大。而投机则不同，它主要依靠投机者对市场的主观预测，其风险较大，同时也意味着投机行为主体对资产价格未来的变动趋势要有相对较强的预测能力。高风险决定高收益，一旦投机获得成功，其收益将远远高于投资收益。

投机行为的不同活跃程度对经济的增长具有不同的作用。建立在投资基础上的适度投机对房地产市场的发展和宏观经济的增长均具有积极的作用。适度投机能促进房地产市场繁荣和活跃，可以引导社会资金合理流动，促进资源优化配置。虽然适度投机会造成资本市场价格和真实价值的偏离，即会形成一定的泡沫，然而这种泡沫能够在一定程度上促进房地产市场和宏观经济发展，是一种理想的泡沫。但当房地产投机超越一定的程度和数量界限，存在大量非理性投机或严重的价格操纵行为时，投机即由适度转化为过度，会引起市场其他投机者的不断盲目跟进，最终引起房地产价格的不断飞涨，市场风险不断累积，最终导致房地产泡沫的破灭。

6.3 房地产市场风险的特征及内涵

影响房地产市场的因素是多方面的，每一个因素都从不同角度、不同程度地影响着房地产市场的供给与需求。与其他社会经济风险比较，房地产市场风险显示出不同的特征。根据房地产市场发展变化的特点及其风险形成的机理，本书认为，房地产市场风险主要表现为周期性、差异性、动态性、主导性、隐蔽性和危害性。

(1) 周期性

由于经济波动，房地产随之起伏波动、周期循环，呈现衰退—萧条—复苏—繁荣的周期循环现象。房地产周期波动是宏观经济周期在房地产领域的表现，是房地产经济运行过程中的周期波动。房地产周期虽然长度不同、振幅不等，但都具有相似的波动模式，即都表现为扩张与收缩交替循环，复苏—繁荣—衰退—萧条往来运行；其本质上具有相似的波动传导机制，即外部传导与内部传导所致。

（2）差异性

房地产市场风险的差异性主要是指地区差异性。由于房地产是不动产，因此房地产市场存在着明显甚至极大的差异性。各国的社会、经济发展差异大，政策措施不一，消费观念与文化理念不同等，导致各国房地产市场风险差异性大。即使同一国家，由于各地区的社会、经济发展、政策措施以及文化理念等方面的原因，也导致各地房地产市场风险差异性大。如我国各地的房地产泡沫程度是不可同日而语的。在1992—1993年沿海地区房地产开发超常火暴的时候，内地很多地方的房地产市场却是一片沉寂。因此，房地产市场风险评价、预警和对策研究，首要的是要充分认识其差异性，做好“个性”分析，因“地”制宜。

（3）动态性

影响房地产市场的风险因素会随着环境和时间的变化而变化，同一因素的作用也会因为环境和条件的改变而改变。从房地产周期来看，风险是动态的、变化的。而从短期来看，其风险因素具有一定的稳定性和连续性。房地产风险呈现相对稳定性，但这种稳定性是相对而言的，由于各种风险因素的发展变化，房地产市场风险也随之发生改变，表现为动态性和不稳定性。因此，房地产市场风险评价、预警和对策研究，在把握了因“地”的基础上，还要把握因“时”的问题。

（4）主导性

影响房地产市场的因素非常多，但在一定的地区、一定的时期，各种风险因素对整个市场的作用力是不一样的，有主次之分，并不是所有因子都对整个市场具有同等或重大影响，总有几个要素居于主导地位。分析房地产市场风险，就要抓住主要矛盾，适时、实地分析那些处于主导地位的因素，加以分析和调控，进而控制市场风险的发生或减少风险导致的损失。

（5）隐蔽性

由于房地产市场的供给相对需求的滞后和影响房地产市场因素的众多，导致某一因素对房地产市场的影响不能适时体现，甚至造成房地产市场风险特征不明显。而且在多数情况下，房地产市场危机潜伏在一片虚假繁荣下。所以，房地产市场风险具有非常大的隐蔽性。

（6）危害性

由于房地产业对国民经济具有基础产业、先导产业、支柱产业的地位和作用，一旦房地产市场风险凸现，产生房地产泡沫，特别是泡沫破裂，将对房地产业发展乃至对整个国民经济发展和社会稳定，尤其是金融市场，产生巨大的影响，危害巨大。这就要求对房地产市场进行适时监测与调控，以切实防范和化解市场风险。

6.4 房地产市场风险评价的基本路径及指标

综合上述对房地产潜在市场风险的分类及特征研究，下面全面分析我国房地产市场风险评价的基本路径和指标。

6.4.1 确定指标的基本原则

分析评价我国房地产市场风险，要遵从全面性、简捷性、敏感性和实用性的原则，统筹分析影响我国房地产市场的各个因素。

（1）全面性原则

评价指标体系必须能够全面、完整地反映房地产市场风险，保证评价指标体系的信息量必要而且充分。即指标的选择不能仅仅考虑房地产开发的某一阶段，而要覆盖开发经营的全过程，包括土地供应、投资量、开发建设、市场交易和空置率等房地产运作的各个环节，数量、数值与价格、金额并重。

（2）科学性原则

评价指标体系是理论与实践结合的产物，它必须是对客观实际准确的抽象描述。在这一过程中，必须透过现象看本质，抓住最重要、最本质和最有代表性的东西，必须用清楚、简练和符合实际的语言描述各个指标的概念与内涵。指标的选择既要全面又要避免繁杂，要去伪存真、去粗取精，抓住主要矛盾，使复杂的问题简单化，便于操作和应用。

（3）数据可获得性和实用性

指标体系中各个要素的选择应该尽可能地与现行的会计指标、统计指标、业务核算指标等统一，使评价指标所需的数据易于采集。指标体系中的定量指标应该是能够获得的真实数据，若是半定量的指标，则应力求分出等级，并能够找到合适的人员进行测评。即指标数据要有可靠及时的来源；否则，仅有理论分析的意义，而不能实际应用。

（4）可比性原则

首先，研究房地产市场风险必须以在国际标准、国际惯例和国际市场规则下，在同一规范下的评价为前提条件，若无此条件，风险评价就没有依据；其次，要结合风险的层面与环境——离开了风险环境谈论风险评价是没有意义的[142]。

（5）动态指标与静态指标相结合的原则

房地产市场作为一个系统，一直处于不断的发展变化之中，因此，评价指标体系的设计既应该反映现实的结果及发展状况，也必须反映市场进行活动的发展过程。结果状态是检验市场风险水平的主要标准，然而，由于数据统计的滞后性以及其他多种影响因素，不易在较短时间内取得其真实值，这一结果可能是前期某一时间段的结果。所以，在设计评价指标体系时，既要有反映市场发展的现时指标，又要有市场发展过程的指标，从动态和静态两个方面进行综合评价[143]。

6.4.2　房地产市场风险基本路径分析

房地产市场风险4条基本路径分析如下。

（1）投资规模

主要从房地产投资增长与国民经济增长的相互关系去分析、判断房地产投资增长与国民经济增长是否协调，用以判断是否出现房地产投资过快、过热现象，以此判断房地产市场风险。

（2）金融资本

主要是考虑房地产业的资金筹措来源和房地产对银行等金融资本的依赖程度，以此判断房地产市场的抗风险能力和对金融资本的风险影响。历史证明，银行信贷的非理性扩张对房地产泡沫经常起到推波助澜的作用；反之，房地产市场的景气与否也可以预示金融危机。正如美国新一代经济学家保罗·克鲁格曼所指出，预测亚洲地区的金融危机其实很简单，只要注意在亚洲各国广泛并大量存在的房屋闲置，就能得出结论。

（3）即期交易

即从房地产现货市场的需求与供应，如房地产的竣工面积与销售面积的比较，分析房地产市场存在的即时风险。

（4）预期市场

即从影响房地产市场预期需求与供应的途径，如银行按揭的结构与规模，分析房地产市场存在的潜在风险。

6.4.3　房地产市场风险评价指标

按照上述确定的我国房地产市场风险分析评价的基本路径和原则，分析当前我国房地产市场。在本书研究中，主要设计以下4大项12个指标。

（1）投资规模指标

主要包括房地产开发投资增长率与GDP增长速率比值，房地产开发投资额与全社会固定资产投资额比值两项指标。

① 房地产开发投资增长率与GDP增长速率比值。房地产投资与国内生产总值密切相关，其投资规模受到国内生产总值水平的制约，同时又能增加国内生产总值。从发达国家的情况分析，当宏观经济增长小于4%时，房地产萎缩；增长4%～5%时，房地产停滞或倒退；增长5%～8%时，房地产稳定发展；增长8%～10%时，房地产高速发展；增长10%～15%时，房地产飞速发展。房地产发展状况与宏观经济密切相关。

② 房地产开发投资额与全社会固定资产投资额比值。此项指标是直接反映投资结构是否合理的基础性指标。全社会固定资产投资包括基本建设、更新改造和房地产投资等。在发达国家，房地产投资一般占社会固定资产投资的20%～25%；我国房地产业作为国民经济的支柱产业，该指标在30%以上视为有泡沫。

（2）金融资本指标

主要分析房地产开发企业贷款增长率与全社会企业贷款增长率的比值，房地产企业自有资金与房地产开发投资总额比值两项指标。

① 房地产开发企业贷款增长率与全社会企业贷款增长率的比值。这是银行资金具体投向的指标，反映房地产与信贷协调性的指标。该指标以1～3为宜；过高，表示银行资金投向房地产市场的速度过快，一方面会影响宏观经济的协调发展，另一方面会过度激发房地产企业的开发热情，盲目扩大开发规模；过低，会压缩市场规模，减少上市供应量，从而引发风险。

② 房地产企业自有资金与房地产开发投资总额比值。这一指标反映房地产市场的自身实力与对金融业等社会资本的依赖程度，综合起来反映房地产市场自身的抗风险能力。

(3) 即期交易指标

主要分析商品房销售面积与商品房竣工面积比值、商品房空置率（商品房空置面积/近三年房屋竣工面积比值）、房价收入比、商品房价升幅/GDP 增幅 4 项指标。

① 商品房销售面积与商品房竣工面积比值。这是反映现房供求是否平衡的重要指标。销售面积一般要低于竣工面积，销售面积高于竣工面积，反映市场供不应求；但低得过多，反映市场供过于求。该指标合理区间为 0.85～1.05。若大于 1，表明市场供不应求，商品房价格将上扬。

② 商品房空置率。这是反映住房累计供应关系的重要指标，反映了供求匹配的内部协调性。最好采用全社会年底空置量占当年年底住房总存量的比值。空置率过高或过低，既表示市场的过冷或过热，又将引发商品房价格的波动。鉴于我国房地产发展的历史原因，对全社会空置量没有比较准确的统计数字。参照中华人民共和国建设部的提法，采用商品房空置面积与近三年房屋竣工面积比值这一指标。

空置率在 20%以上为严重积压区；在 10%～20%之间为空置危险区；在 5%～10%之间为合理区；5%以下为空置不足区，即市场过热。

③ 房价收入比。反映了居民对房产的相对购买能力。西方学者认为，房价收入比在 3～6 倍之间比较合理，而我国由于特殊的住房体制、隐性收入高、需求长期压抑等原因，目前正常的房价收入比在 5～8 倍之间属于正常。

④ 商品房价升幅/GDP 增幅。这一指标是测量房地产相对实体经济（GDP）增长速度的动态相对指标。该指标值越大，房地产市场风险程度越大。一般认为，当房价上涨幅度是 GDP 增幅的 2 倍以上时，认为房价很不正常，存在较大的泡沫。

（4）预期市场指标

主要分析房地产土地开发面积与房地产土地购置面积比值，房地产开发房屋施工面积与房屋竣工面积比值，房地产开发企业利润与开发企业自有资金比值，房屋销售平均价格增长较城镇居民消费价格增长的增幅，房屋租赁价格增长较房屋销售平均价格增长的增幅，商品房竣工面积与城镇人口增长数比值，房地产开发投资与房地产开发企业个数比值等指标。

① 房地产土地开发面积与房地产土地购置面积比值。该指标显示开发商手中待开发土地的数量。既反映房地产开发企业对市场、地价和利率发展走势的预期，又反映政府管理部门调控市场的政策效果。

② 房地产开发房屋施工面积与房屋竣工面积比值。这是一个比较重要的前瞻性指标。施工面积通常为竣工面积的3～5倍，故施工面积反映了1～2年后现房的供应量。其值过小，会出现供应短缺；其值过大，未来供应量将会放大。

③ 房屋销售平均价格增长较城镇居民消费价格增长的增幅。这一指标不仅影响房地产市场的现实需求，更将从消费者心理放大对预期需求的影响。若房屋销售价格指数大于CPI，则意味着房地产风险预警。

④ 房地产开发投资与房地产开发企业个数比值。这是从房地产企业自身的平均投资强度来分析对房地产市场的影响，同时折射出房地产的市场结构是否合理。当比值过低时，反映房地产企业整体实力不强，水平有待提高，抗风险能力弱；当比值过高时，将导致市场的不公平竞争和市场垄断风险增加。

6.5 房地产市场风险评价体系模型

6.5.1 风险评价指标分析的指导思想

采用6.4节分析确定的我国房地产市场4大项12个风险评价指标，作为当前我国房地产市场风险评估与预测的指标体系。

对选定的各种风险评价指标的风险评定，可以采用定性分析和定量分析相结合的方法，部分指标依据国内外专家经验的分析和惯例得到；另一部分，本书力求在定量分析的基础之上，通过所选择区域1997年以来的统计数据，计算各种风险评价指标的均值和标准差，以偏离均值每0.5倍标准差的区间为各种风险评价指标波动区间，以此分析测定各种风险评价指标预示的我国房地产市场风险状况。

6.5.2 房地产市场风险评价体系

基于上述分析，本书对房地产市场投资规模指标、金融资本指标、即期交易指标和预期市场指标4个方面作出评价，并对体系中每一指标进行阐述。指标体系如表6-3所示。

由于本书所建指标体系中数据来源包含统计数据和公式计算，统计数据指标可以直接由各年鉴取得，所以下面仅说明需要公式计算的指标。

① 商品房空置率 C_8。根据中华人民共和国建设部的规定，商品房空置率 C_8 由当年商品房空置面积与近三年房地产商品房竣工面积和的比值进行计算。

② 房价收入比 C_9。本书以当地家庭人员的平均人口数、平均收入来计算家庭的总收入，当年的商品房价格、每户平均住宅面积100平方米及80平方米计算商品房价格，从而得到各自房价收入

比。

表 6-3　　房地产市场评价指标体系

<table>
<tr><th>目标层</th><th>准则层</th><th colspan="3">指标层</th><th>数据来源</th><th>评价指数</th></tr>
<tr><td rowspan="14">房地产市场风险评价 A</td><td rowspan="2">投资规模路径指标 B_1</td><td colspan="3">房地产开发投资增长率与 GDP 增长速率比值 C_1</td><td>统计数据</td><td>统计数据</td></tr>
<tr><td colspan="3">房地产开发投资额与全社会固定资产投资额比值 C_2</td><td>统计数据</td><td>专家打分</td></tr>
<tr><td rowspan="2">金融资本路径指标 B_2</td><td colspan="3">房地产开发企业贷款增长率/全社会企业贷款增长率 C_3</td><td>定量统计</td><td>专家打分</td></tr>
<tr><td colspan="3">房地产企业自有资金与房地产开发投资总额比值 C_4</td><td>定量统计</td><td>统计数据</td></tr>
<tr><td rowspan="4">即期交易路径指标 B_3</td><td colspan="3">商品房销售面积与商品房竣工面积比值 C_5</td><td>定量统计</td><td>专家打分</td></tr>
<tr><td colspan="3">商品房空置率 C_6</td><td>公式计算</td><td>专家打分</td></tr>
<tr><td colspan="3">房价收入比 C_7</td><td>公式计算</td><td>专家打分</td></tr>
<tr><td colspan="3">商品房价格升幅/GDP 增幅 C_8</td><td>定量统计</td><td>专家打分</td></tr>
<tr><td rowspan="4">预期市场路径指标 B_4</td><td colspan="3">房地产土地开发面积与房地产土地购置面积比值 C_9</td><td>定量统计</td><td>统计数据</td></tr>
<tr><td colspan="3">房地产开发房屋施工面积与房屋竣工面积比值 C_{10}</td><td>定量统计</td><td>专家打分</td></tr>
<tr><td colspan="3">房屋销售平均价格增长较城镇居民消费价格增长的增幅 C_{11}</td><td>定量统计</td><td>统计数据</td></tr>
<tr><td colspan="3">房地产开发投资与房地产开发企业个数比值 C_{12}</td><td>定量统计</td><td>统计数据</td></tr>
<tr><td rowspan="2">风险测度值</td><td>无风险</td><td>较低风险</td><td>中等风险</td><td>较高风险</td><td>高风险</td></tr>
<tr><td>1</td><td>3</td><td>5</td><td>7</td><td>9</td></tr>
</table>

6.5.3　评价指标的分析说明

本书所建立的指标体系是在总结前人研究的基础上，进行了一定的创新，主要具有以下特点。

① 指标体系全面综合，不仅包括投资规模、即期指标，还把金融指标、预期指标等作为评价依据，克服了房地产市场风险评价的片面性，并且详细地介绍了每项指标的获得方式，具有很强的可

操作性。

② 该指标体系不仅结合我国房地产市场的特点与存在的问题，如我国房地产市场结构、投资结构不合理等，同时符合市场长期发展的特点，反映了房地产市场长期发展的能力。

③ 体系中定量指标既有静态指标（绝对值），又有动态指标（相对值），就是考虑了产生房地产市场风险的特点，绝对值反映市场当前的状态，而相对值反映市场未来的发展方向和发展速度，能够充分地反映房地产市场风险的形成和发展的动态过程。

④ 评价指标体系也运用于本书后面章节中对房地产市场风险评价的环节。

房地产市场风险评价指标的具体内容不是一成不变的，它的影响因素很多，与房地产市场的发展阶段和房地产市场所处的区域等因素都有关系，随着房地产市场的不断发展，评价中会增加对其他准则层的指标权重赋值，如目前我国房地产市场各区域的发展程度不同，市场结构不合理，因此可以对不同的区域、市场结构因素的相关指标上增加关注度，所以，在实际应用过程中，可以根据具体情况对指标进行取舍和调整。

7 天津市房地产市场实证研究

7.1 天津市房地产市场结构实证研究

7.1.1 天津市房地产业发展现状

1998年以来，天津市房地产业保持高速发展。1998—2004年，天津市商品房销售面积平均复合增长率为22.61%，同期住宅销售面积平均复合增长率为22.69%。2000年以来，房地产投资占固定资产投资的比例保持在20%以上，扮演着推动国民经济发展的重要角色。随着天津市“三步走”经济发展战略的实施，海河经济发展和滨海新区的建设，孕育着巨大的发展机遇[144-146]。

天津市房地产投资以住宅为主，占到60%～70%，2003年达到71.4%。住宅产业发展迅速，住宅销售额由1998年的52.96亿元增加到2004年的234.9亿元，平均复合增长率达到57.3%。2000年以来，房地产业对GDP增长的直接贡献率呈现下降趋势。从整体上讲，天津市房地产业的快速发展来源于住宅产业的推动，基本上是健康的。

从表7-1可以看出，1999年以来，随着房地产企业总数的不断增加，房地产投资总额在不断增大，至2005年，当年已经完成投资总额327.54亿元，六年内增幅达到210.58亿元，年均增长率为30.0%；开发面积由1999年底的335.53万平方米增加到2005年的986.33万平方米，增幅达到650.8万平方米，年均增长32.3%。

表 7-1 天津市房地产行业状况

年度	企业总数/个	完成投资总额/亿元	开发面积/万平方米	购置土地面积/万平方米	竣工房屋面积/万平方米	实际销售面积/万平方米	实际销售额/亿元
1999	663	116.96	335.53	189.72	454.81	258.31	58.13
2000	695	133.93	492.22	330.77	583.51	391.76	91.20
2001	689	161.27	468.03	519.02	690.48	537.48	127.64
2002	797	175.85	575.01	582.65	746.44	564.00	140.28
2003	761	211.39	740.45	1093.27	911.27	786.50	198.04
2004	892	263.92	535.44	1059.11	1108.13	847.03	263.82
2005	982	327.54	986.33	712.26	1479.22	938.02	373.91

资料来源：《中国房地产统计年鉴》《天津统计年鉴》。

但不能忽略的是，企业平均指标却非常低，这就造成天津市房地产业企业规模相对都比较小。

从表 7-2 可以看出，1999—2005 年天津市房地产企业总数由 663 家增至 982 家，增长 319 家，年均增长率超过 8%。从企业资质的角度看，一、二级资质企业总体上数量呈现上升趋势，三级资质的企业个数增幅不是很大，而四级及四级以下的企业增幅较大，虽然年均投资额在不断增长，但与规模经济要求相差甚远，资源利用效率低。

表 7-2 天津市房地产行业按照资质等级分类企业状况

年度	企业总数/个	一级资质企业数/个	二级资质企业数/个	三级资质企业数/个	四级资质企业数/个	平均完成投资额/万元
1999	663	19	31	114	396	1764.10
2000	695	50	44	125	426	1927.04
2001	689	24	53	118	392	2340.64
2002	797	35	60	117	435	2206.40
2003	761	29	67	133	476	2777.79
2004	892	17	59	145	458	2620.85
2005	982	17	75	162	516	3195.51

资料来源：《中国房地产统计年鉴》《天津统计年鉴》。

7.1.2 天津市房地产市场集中度考察

市场集中度既是市场结构的重要内容，也是衡量某一行业（市场）竞争程度的主要标志。产业集中度指数的高低直接反映了行业内企业规模的差异程度和企业间的垄断竞争关系，从而极大地影响着行业内企业行为和市场绩效。一般而言，在某一行业（或市场内），企业总数越多，单个企业所占的市场份额越小，该行业的竞争程度越高。处于该行业中的少数几个大企业所占有的市场份额越大，则表明该行业的市场集中度越高，大型企业的市场支配能力越强，竞争优势越明显，行业竞争程度就越低。

（1）市场绝对集中度分析

绝对集中度综合反映了企业数量和规模这两个决定市场结构的重要方面，通过它，可以大体划分天津市房地产业的竞争程度。

2000年天津市房地产企业总数为695家，其5%的企业数为35家，由方程式（3-1）计算得表7-3。

表7-3　　2000年天津市房地产业集中度

	CR_4	CR_8	CR_{35}
集中度/%	21.26	30	64

资料来源：《中国房地产统计年鉴》。

从表7-3可以看出，尽管天津市房地产企业的平均投资规模不是很大，但个别企业的销售份额在市场中已初见端倪，前5%企业的市场份额已经达到64%。

对照表7-3重新定义的数据可以看出，天津市房地产业的市场集中度较高，市场类型呈现寡头垄断状态。

（2）市场相对集中度分析

绝对集中度不能说明几家企业在市场所占份额在其内部是如何分布的，也没有表明其余数额分布在多少家企业中，它们各占份额如何。而相对集中度指数能够较好地克服 CR_n 的不足。相对集中度是反映某一特定产业内市场上所有企业的规模分布状况的市场集中度指标。本章采用洛伦兹曲线和基尼系数来分析和讨论天津市房地产市场的相对集中度。

用洛伦兹曲线横轴表示市场中由小到大企业数目的累积百分比(因为统计数据的原因，本书采用房地产统计年鉴中按照登记的资质由低到高代表企业由小到大的排列)，用纵轴表示这些分类企业的年销售面积的累积百分比。若所有的企业规模完全相同，也就是说，全体企业平均分配房地产市场，洛伦兹曲线是一条均等分布的对角线。当企业的规模不完全相同时，洛伦兹曲线是对角线下方的一条曲线。一般来说，曲线越偏离对角线凸向右下角，表明企业规模分布的不均匀度越大，换句话说，就是市场集中度越高。

① 洛伦兹曲线。以天津市房地产企业按照注册登记等级和2002年完成商品房销售面积作为基础数据，对天津市房地产业相对集中度总体进行分析，得到表7-4。

表7-4 天津市房地产业相对集中度

规模划分	企业			2002年完成销售面积/万平方米		
	数量/个	比例/%	比例累计/%	面积/万平方米	比例/%	比例累计/%
其他	150	18.82	18.82	66.41	10.17	10.17
四级	435	54.58	73.40	221.97	39.36	49.53
三级	117	14.68	88.08	105.87	18.77	68.30
二级	60	7.53	95.61	103.35	18.32	86.62
一级	35	4.39	100.00	75.50	13.38	100.00
累计	797	100.00	100.00	573.10	100.00	100.00

资料来源:《中国房地产统计年鉴》。

由表7-4数据得天津市房地产业洛伦兹曲线，如图7-1所示。

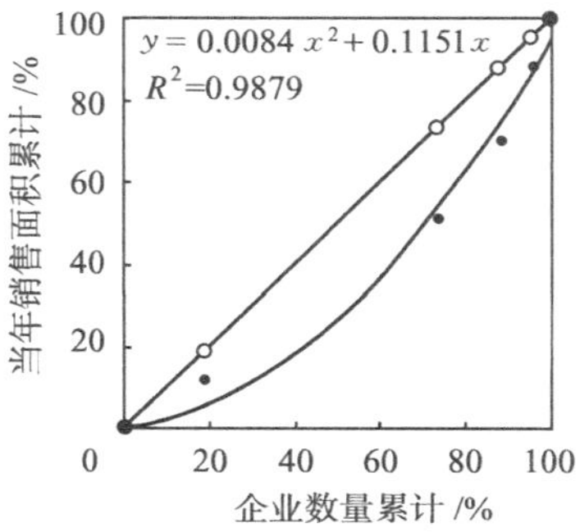

图 7-1　天津市房地产业洛伦兹曲线

从图 7-1 可以看出，洛伦兹曲线与对角线距离很近，说明产业的相对集中度不是很高。

② 产业基尼系数。房地产产业基尼系数建立在洛伦兹曲线的基础上，等于对角线与洛伦兹曲线之间的面积与对角线下三角形面积之比，它反映了行业内部企业规模分布的不均匀程度。基尼系数的值在 0～1 之间变动，当产业基尼系数趋向于 0 时，洛伦兹曲线与对角线重合，表明所有企业规模完全相同；当产业基尼系数趋向 1 时，表明企业的规模分布越来越不均等。本书设定：若低于 0.2，则表示企业规模高度平均；0.2～0.3 表示比较平均；0.3～0.4 表示相对均等；0.4～0.5 表示规模差距较大；0.6 以上表示规模差距悬殊。

由式(3-3)结合表 7-4，得产业基尼系数的计算公式为

$$G = \sum_{i=1}^{n} X_i Y_i + 2\sum_{i=1}^{n-1} X_i\left(1 - \sum_{i=1}^{i} Y_i\right) - 1 \tag{7-1}$$

将表 7-4 中数据代入式(7-1)得产业基尼系数

$$G = 0.2812 + 2 \times 0.498 - 1 = 0.277$$

由 2002 年产业基尼系数为 0.277 可见，当年天津市房地产市场的企业规模分布得还比较平均，整体规模差距还不是很大。通过计算，

得各年度天津市房地产业的产业基尼系数值。如表 7-5 所示。

表 7-5 天津市房地产企业基尼系数

年度	总销售面积/万平方米	基尼系数
1996	129.39	0.255
1997	195.51	0.273
1998	249.39	0.271
1999	258.31	0.281
2000	378.34	0.284
2001	537.48	0.301
2002	564.00	0.277
2003	786.50	0.327
2004	847.03	0.330
2005	938.02	0.342
2006	1144.38	0.350

从表 7-5 可以看出，尽管天津市房地产市场相对集中度不是很高，但随着房地产业的发展，产业基尼系数不断增大，说明天津市房地产市场集中度在不断加大。

7.1.3 天津市房地产市场结构讨论

通过以上对天津市房地产市场的绝对集中度和相对集中度的分析，从产业组织角度可以看到，天津市的房地产企业规模正在逐渐壮大，2000 年的 CR_4 达到 21.26%、CR_8 达到 30%，说明天津市房地产市场领头羊的地位已见端倪；而市场前 5% 企业的市场集中度已经达到 64%，按照本书的重新定义，天津市房地产市场已经进入寡头垄断市场。但从相对集中度的分析看，2000 年其基尼系数仅为 0.284，按照定义，企业的规模还比较平均，集中程度还不是很高，前后结论似乎不很协调。本书认为，可以从以下两点得到诠释。

① 企业资质高并不代表规模大。仍以 2000 年数据为例，如表

7-6所示。

表7-6　　2000年天津市房地产企业相对集中度分析

规模划分	企　业			2000年完成销售面积/万平方米		
	数量/个	比例/%	比例累计/%	面积/万平方米	比例/%	比例累计/%
其他	50	7.19	7.19	16.83	4.45	4.45
四级	426	61.29	68.48	139.96	36.99	41.44
三级	125	18.00	86.48	96.77	25.58	67.02
二级	44	6.33	92.81	89.61	23.68	90.70
一级	50	7.19	100.00	35.17	9.30	100.00
累计	695	100.00	100.00	378.34	100.00	100.00

从表7-6可以看出，登记的一级资质的企业数为50家，占企业总数的7.19%，而其市场份额仅占9.3%。根据2000年市场销售额的数据，前5%的企业数是35家，市场份额达到64%，这充分说明天津市的部分房地产企业是徒有虚名，尽管资质很高，但产量并不高，没有作为。正如本书第3章所分析的，各种壁垒的失效造成房地产企业的过度进入，使得市场参与者过多，形成僧多粥少的局面；大企业没有形成大的规模，造成一定的资源浪费。

② 市场中计划经济的存在造成不完全竞争。由于目前正处于经济转轨时期，市场上存在明显的计划经济和寻租现象，导致市场的不完全竞争；部分注册资质较低的企业，依靠政府、一些企事业单位的寻租行为及其他不正当手段获取土地，产量却较高。在这种情况下，并不是大企业就一定能拿到大订单，小企业就只拿小订单。这就造成目前大企业的市场份额不一定大，小企业的市场份额不一定小的局面。也就导致了本书出现似乎前后矛盾的结论。

7.1.4　市场结构导致潜在的市场风险

近几年，随着国民经济的快速发展和人们不断增长的住房需求，以及企业对房地产高利润的预期，人们纷纷投资房地产业；直观数据就是房地产企业数量急剧增加，房地产投资增长速度过快，1999—2004 年天津市房地产企业由 663 家猛增至 892 家，年均增长超过 10%；而天津市房地产投资额由 116.96 亿元猛增至 263.92 亿元，年均增长超过 25%；近两年增幅更加显著，如表 7-1 中数据所示。

对企业总数与投资总额采用单变量线性相关系数 r 检验数据间的线性相关性[147]，得相关系数 $r=0.9529$，说明投资总额与企业总数之间存在明显的线性相关性，用最小二乘法进行线性回归，如图 7-2 所示，并得其线性回归方程为

$$y = 0.4405x - 155.65 \quad (R^2 = 0.908)$$

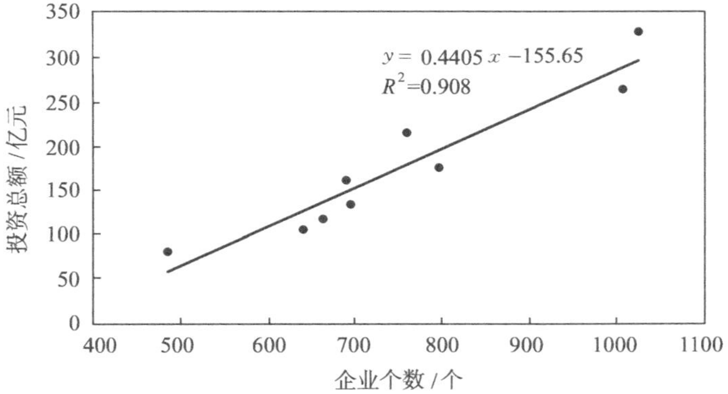

图 7-2 天津市房地产投资总额随着企业总数变化曲线

从图 7-2 可以看出，天津市房地产投资总额随着房地产企业总数的增加呈现线性增长。房地产投资的急剧增长，将导致房地产泡沫的产生，从而构成潜在的市场风险。这就要求政府必须出台相关的产业政策，对房地产结构进行适当的调整，才能保证房地产业健康发展。

7.1.5 天津市房地产业市场壁垒实证研究

本节应用改进价格-费用法，对天津市房地产市场的壁垒进行实证研究及讨论。

通过对天津市部分政府机关、高等院校等企事业单位所建住房进行调研，计划经济下，在去掉各种补贴后，房产价格大约为市场价格的50%～70%，本书取计划经济下的房地产市场价格 $P_2=60\%P$。一般情况下，计划经济下建房土地不是从市场中来，大部分属于自有土地。在这种情况下，其土地成本近似为零，土地成本一般占总成本的20%～30%，本书取 $AC_2=75\%AC$。设市场经济条件下的壁垒值为 η_1，计划经济条件下的市场壁垒值为 η_2，根据式(3-2)，计算得1997—2005年天津市房地产市场进入壁垒值，如表7-7所示。

表7-7 天津市房地产市场壁垒值一览表

年度	市场价格	市场成本	壁垒值 η_1	计划价格	计划成本	壁垒值 η_2
1997	1997	971	0.51	1198	728	0.39
1998	2063	1022	0.50	1238	767	0.38
1999	2053	969	0.53	1232	727	0.41
2000	2112	1061	0.50	1267	796	0.37
2001	2375	1238	0.49	1425	928	0.35
2002	2487	1502	0.40	1492	1126	0.25
2003	2518	1317	0.48	1511	988	0.35
2004	3155	2250	0.29	1893	1687	0.11
2005	3986	2520	0.37	2392	1890	0.21
平均值	2274.6	1285	0.44	1364.8	963.7	0.29

数据来源：《中国房地产统计年鉴》。

由表7-7可以看出，无论是市场经济条件下，还是计划经济条件下，天津市房地产市场的壁垒测度值都比较高。对照表3-1，由贝恩最早提出的根据产品的销售价格与平均成本的差异来衡量市场壁垒高低的价格-费用法，可以清楚地看到两种经济条件下的壁垒值均大于10%，由此判断天津市房地产市场的新企业极难进入。而实际情况却是近年来天津市房地产企业总数几乎呈线性增长，为什么会出现这种截然相反的结论，本书认为有如下几种原因。

一是因为产业组织理论给出的产业进入壁垒值的判断标准是在西方市场经济充分发展状况下总结出来的，而我国目前正处于由计划经济向市场经济发展的过渡阶段。二者边界条件不同，得出的结果不同是可以理解的。

二是因为我国的产业政策发展还不成熟，对房地产的经济壁垒——注册资金——的准入标准过低，使得部分并不具备实力的公司也来分房地产开发这杯羹。

三是因为我国目前旺盛的市场需求产生政府的寻租行为，一些开发商为了获得既得利益，经常采取打了就跑的战略，这也使得房地产企业总数不断增加。

从表7-7还可以清楚地看到，天津市房地产市场壁垒值近年来在不断地降低，这与近年来房地产开发企业总数迅速增大呈现一致的趋势。分析原因，本书认为，这与近年来金融业对房地产市场的支持及各种房地产设计、营销、服务等专业公司的不断涌现具有一定的关系。投资者只要具有一定的经济实力，其他工作都有各种代理公司来完成，使得房地产市场的技术壁垒失效，也导致企业总数增加。

通过本节对天津市房地产市场结构的实证研究可以看到，目前天津市房地产市场尽管处于寡头垄断的市场结构，但实际上各房地产企业的规模实力并不很强，该市场结构是在我国特定的市场经济条件下产生的；相对集中度的不断增大，预示天津市房地产企业的集中程度不断加强，有利于房地产市场结构向真正的垄断竞争市场结构发展。根据产业组织理论的价格-费用法，判断天津市房地产市场的壁垒值较高，新企业理论上应该较难进入该行业，这也与近些年房地产企业过度进入的结果相背离。因此，房地产业的部分产业政策急需完善已经成为不争的事实。只有不断改进和完善产业政策，如适当地提高房地产业的经济和技术壁垒，推动产业内的吞并和重组，加快经济体制改革的步伐，才能实现真正意义上的产业集中度的提高，形成规模效益，提高房地产行业的整体绩效，达到全社会资源的合理利用。

7.2　天津市房地产市场行为分析

本节主要通过蛛网模型对天津市房地产市场价格行为进行研究。

7.2.1　构建天津市房地产供需曲线模型

因为未能获得历年住宅销售价格的数据，所以用商品房销售面积代替，相应的价格和竣工面积也用商品房数据代替。因为天津市房地产市场基本以住宅市场为主导，房地产市场价格的走势基本上反映了住宅市场价格的走势。

一个基本的假定是：房地产的本期供应量 $s(k)$决定于前一期的价格 $p(k-1)$，即供给函数为 $s(k)=f(p(k-1))$；房地产本期的需求量 $d(k)$决定于本期的价格 $p(k)$，即需求函数为 $d(k)=f(p(k))$。根据以上假设条件，考虑模型

$$s(k) = s_0 + bp(k-1)$$

$$d(k) = d_0 - ap(k)$$

使用当年的竣工面积作为房地产的本期供应量，上一年的房地产价格作为前一期价格；当年的房屋销售面积作为本期的需求量，当年的房屋价格作为本期价格。用表7-8的数据进行线性回归。

表 7-8 天津市房地产市场状况一览表

年度	平均房屋价格/(元/平方米)	房屋销售面积/万平方米	房屋竣工面积/万平方米
1991	1143	51.62	60.16
1992	1276	64.69	73.40
1993	1538	64.67	81.41
1994	1632	101.50	193.84
1995	1726	135.34	264.74
1996	1837	140.62	273.11
1997	1997	192.15	299.63
1998	2063	245.25	428.72
1999	2053	258.31	454.81
2000	2112	391.76	583.51
2001	2375	537.48	690.48
2002	2487	564.00	746.44
2003	2518	786.50	911.27
2004	3155	847.03	1108.13
2005	3986	938.02	1479.22
2006	4265	1458.60	2155.47

（1）线性相关检验。

采用单变量线性相关系数 r 检验数据间的线性相关性，即

$$r = \frac{l_{xy}}{\sqrt{l_{xx} \cdot l_{yy}}}$$

其中，

$$l_{xy} = \sum_{i=1}^{n} (x_i - \bar{x})(y_i - \bar{y})$$

$$l_{xx} = \sum_{i=1}^{n} (x_i - \bar{x})^2$$

$$l_{yy} = \sum_{i=1}^{n} (y_i - \bar{y})^2$$

n 为数据个数。

通过计算，得到房屋需求量 d 与房屋价格 p 之间的线性相关系数 $r_d=0.9550$；房屋供给量 s 与房屋价格 p 之间的线性相关系数 $r_s=0.9847$，数据间具有明显的线性相关性。

(2) 模型建立

采用最小二乘法对表 7-8 的数据进行线性回归，如图 7-3 所示。

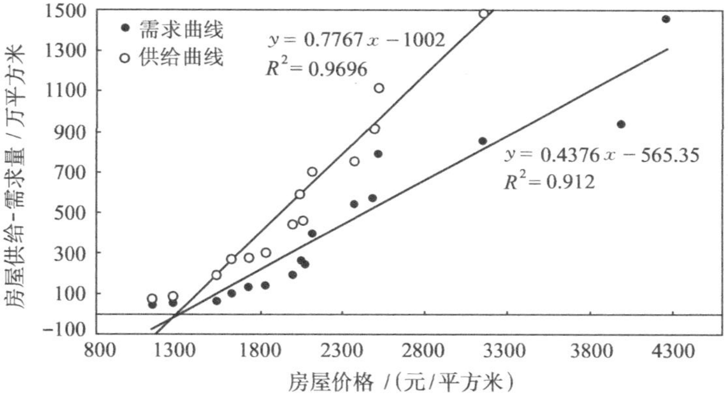

图 7-3 天津市房地产供给-需求曲线

天津市房地产市场需求曲线为

$$d(k)=-565.35+0.4376p(k) \quad (R^2=0.912)$$

天津市房地产供应曲线为

$$s(k)=-1002+0.7767p(k-1) \quad (R^2=0.9696)$$

7.2.2 天津市房地产市场供需曲线模型评价

供需曲线模型为

$$s(k)=-1002+0.7767p(k-1)$$
$$d(k)=-565.35+0.4376p(k)$$

当供求平衡时，得房地产价格曲线为

$$p(k) = 1.775p(k-1) - 997.83$$

根据方程，其理论上的平衡价格应为

$$p^{*} = \frac{d_0 - s_0}{a + b} = 1288$$

继续推导，得

$$p(k) = \left(-\frac{b}{a}\right)^k p(0) + \frac{1 - \left(\frac{b}{a}\right)^k}{a + b}(d_0 - s_0)$$

$$p(k) = 1.775^k p(0) + 359.59 \times (1 - 1.775^k)$$

很显然，$b/a = 1.775$，且需求曲线斜率大于零，即随着房地产价格的升高，需求量不但没有降低，反而随之增高，验证了天津房地产市场的旺盛需求；说明天津市房地产价格曲线是发散的，不会围绕平衡价格上下波动，依靠市场的自身调节很难回归到平衡价格，必须通过外界的调控，才能使其改变趋势，这就要求政府必须拿出切实可行的调控方案，避免房价过高，引发房地产泡沫，甚至引发房地产市场危机。

从表 7-8 可以明显看出，十几年来天津市房地产价格不断升高，特别是近年来价格升高的比例明显增大，市区内房地产价格增长的比例更大，这从一个角度验证了第 3 章讨论的房地产市场不易产生价格战的论点。房地产价格的不断增大也从另一个角度证明区域房地产市场不存在过度竞争，而是赤裸裸的寡头垄断这一结论。由蛛网模型推导出目前天津市房地产市场的供求曲线，从中可以看出房地产价格的非正常性、非理性的增长，国家的宏观调控也不可避免。

7.3 天津市房地产业市场绩效实证分析

本节首先基于数据包络分析法，对天津市房地产市场的效率进行评价，然后通过 Berger 模型，对天津市房地产市场结构与市场绩效的关系进行实证研究。

7.3.1　基于 DEA 的天津市房地产综合效率的评价

数据包络分析（Data Envelopment Analysis，简称 DEA）方法[148-149]是著名运筹学家 A.Charnes 和 W.W.Cooper 等人以相对有效性的概念为基础发展起来的新的效率分析方法，它的基本思想是：将每一个被评价的单位或部门视为一个决策单元（Decision Making Unit，简称 DMU），由决策单元组（DMUs）构成评价群体，各 DMU 具有相同的投入项指标和相同的产出项指标；在指标项和 DMUs 确定以后，采用数学规划模型比较 DMU 之间的相对效率，进行投入-产出比率的综合分析，得到每个 DMU 综合效率的量化指标值，从而确定相对效率最高（即 DEA 有效）的 DMU，并对 DMUs 进行排队定档次，同时给出非 DEA 有效的 DMU 与 DEA 有效的 DMU 之间差距的数据，以此作为调整非有效的 DMU 向有效方向努力的方向和有关投入项或产出项调整的数量依据。从经济学角度看，DEA 还可以给出 DMU 投入规模效益的分析结果，作为管理决策部门制定规划与计划时的依据。本书所选指标及数据如表 7-9 所示。

运用 DEA 模型进行相对效率评价，关键在于选取投入、产出指标。结合我国房地产的特点，本书选取自有资本、劳动力投入和投资总额作为投入，利润总额、当年完成的竣工面积作为房地产业产出。劳动力投入为当年房地产业的全部员工人数。房地产企业的自有资本为其损益表中所有者权益部分，这里采用资产负债表中的权益资本。

由于用 DEA 传统的 C^2R 模型算出的部分结果为 DEA 弱有效，不能作出正确的评价，因此，在传统 DEA 模型的基础上，采用改进的超效率 DEA 模型进行计算，结果如表 7-10 所示。

表 7-9　　指标数据一览表

编号		输入数据			输出数据	
		竣工面积/万平方米	自有资本/亿元	劳动力投入/人数	投资总额/亿元	利润总额/亿元
权重		v_1	v_2	v_3	u_1	u_2
决策单元	1996	73.25	13424	73.78	1.53	273.11
	1997	81.39	14727	80.94	1.68	299.63
	1998	92.49	19414	106.70	2.21	428.72
	1999	106.31	21281	116.96	2.42	454.81
	2000	123.62	22308	133.93	2.77	583.51
	2001	154.53	22116	161.27	3.34	690.48
	2002	274.28	23794	175.85	5.85	746.44
	2003	298.23	20126	211.39	13.98	911.27
	2004	431.31	32167	263.92	23.22	1108.13
	2005	517.57	32742	327.54	28.82	1479.22
	2006	558.98	33397	402.32	35.40	2155.47

数据来源：《中国房地产统计年鉴》《天津统计年鉴》。

表 7-10　　天津市房地产业市场规模效率一览表

DMU 序号	DMU 名称	效率	超效率
1	y1996	0.82139	0.82139
2	y1997	0.81648	0.81648
3	y1998	0.98970	0.98970
4	y1999	0.91633	0.91633
5	y2000	1.00000	1.04229
6	y2001	1.00000	1.00345
7	y2002	0.79229	0.79229
8	y2003	0.80462	0.80462
9	y2004	1.00000	0.99991
10	y2005	1.00000	1.00000
11	y2006	1.00000	1.42625

从表 7-10 所示数据结果可以看出，随着房地产业的发展，企业自有资本不断增加，投资总额和劳动力投入不断增大，导致行业利润率不断升高，企业规模效率也在不断提高。

7.3.2　天津市房地产市场结构与市场绩效的关系

本节应用 Berger 模型，对天津市房地产市场结构与市场绩效的关系进行回归研究。

表 7-11　模型变量参数一览表

年度	G	MS	Super-efficiency	R/%
1996	0.255	0.084	0.82139	0.13
1997	0.273	0.090	0.81648	0.21
1998	0.271	0.089	0.98970	0.26
1999	0.281	0.092	0.91633	0.27
2000	0.284	0.093	1.04229	0.39
2001	0.301	0.121	1.00345	0.56
2002	0.277	0.134	0.79229	0.60
2003	0.327	0.101	0.80462	1.25
2004	0.330	0.160	0.99991	1.43
2005	0.342	0.167	1.00000	8.27
2006	0.350	0.171	1.42625	10.02

对房地产企业的相关数据进行回归，结果为

$$R = -18.34 + 31.38G + 34.33MS + 7.27EF \qquad (7\text{-}1)$$

$$R^2 = 0.7639, \quad F = 7.5488$$

在回归方程中，每一个系数表明各变量对行业利润率的边际影响。从回归结果看，$R_2 = 0.7639$ 说明回归方程具有一定的拟合优度。由 $F = 7.5488$，在 $\alpha = 0.05$ 时，模型通过了 F 检验。说明 G，MS 和 EF 足可以解释 R。

由方程(7-1)可以得到

$$\frac{\partial R}{\partial G} = 31.38 > 0, \quad \frac{\partial R}{\partial MS} = 34.33 > 0, \quad \frac{\partial R}{\partial EF} = 7.27 > 0 \qquad (7\text{-}2)$$

与方程(5-2)和(5-3)进行比较可以发现，这与共谋假说和效率结构假说的成立条件均不相符。因此，共谋假说与效率结构假说在我国房地产业都不存在。

但是，通过方程(7-1)可以看出，房地产企业的市场绩效与房地产业的市场集中度呈显著正相关，与房地产业的市场份额、市场效率也呈显著正相关。考察近几年房地产业的市场绩效状况可以发现，房地产业的资产利润率总体呈现上升的趋势，这与房地产业市场集中度的上升密切相关，即产业集中度愈高，行业利润率愈高。房地产业的市场规模愈大，行业利润率愈高；而房地产业的市场综合效率呈现上升的趋势，也成为支撑房地产业市场绩效的一个重要因素。

基于以上结论，考虑到我国房地产业的现状，要提高房地产企业的经营绩效，就必须优化市场结构，发挥市场结构对房地产企业绩效的促进作用。首先，加强房地产企业的自身素质建设，提高房地产企业的经营效率；其次，加快我国经济转轨进度，减少政府及部分企事业单位的寻租行为；再次，扶持中小型房地产企业，扩大其经营规模，加强房地产业的有效竞争，使房地产企业规模真正由规模收益长期累积转化而来。这也从另一个角度说明调整产业政策、改善产业结构对房地产行业的重要性。

7.4　天津市房地产市场风险实证分析

7.4.1　天津市房地产市场风险评价指标体系及测度值

根据天津市房地产市场实际情况，结合表 6-3，得到天津市房地产市场风险评价指标体系和各指标区间及其对应的测度值划分，如表 7-12 所示。

表 7-12　天津市房地产市场风险评价指标体系及测度值

目标层	准则层	指标层	无风险	轻度风险	中度风险	高度风险
房地产市场风险评价 A	投资规模路径指标 B_1	房地产开发投资增长率与GDP增长速率比值 C_1	＜2	2～2.5	2.5～3	＞3
		房地产开发投资额与全社会固定资产投资额比值 C_2	＜20%	20%～25%	25%～30%	＞30%
	金融资本路径指标 B_2	房地产开发企业贷款增长率/全社会企业贷款增长率 C_3	＜3	3～5	5～7	＞7
		房地产企业自有资金与房地产开发投资总额比值 C_4	＜0.15	0.15～0.25	0.25～0.35	＞0.35
	即期交易路径指标 B_3	商品房销售面积与商品房竣工面积比值 C_5	＜0.75	0.75～0.85	0.85～0.95	＞0.95
		商品房空置率 C_6	＜10%	10%～15%	15%～20%	＞20%
		房价收入比 C_7	＜8	8～9.5	9.5～11	＞11
		商品房价升幅/GDP增幅 C_8	＜0.75	0.75～1.3	1.3～1.8	＞1.8
	预期市场路径指标 B_4	房地产土地开发面积与房地产土地购置面积比值 C_9	＜0.6	0.6～0.85	0.85～1.1	1.1
		房地产开发房屋施工面积与房屋竣工面积比值 C_{10}	＜3	3～4	4～5	＞5
		房屋平均价格增长较城镇居民消费价格增长的增幅 C_{11}	＜4	4～8	8～12	＞12
		房地产开发投资与房地产开发企业个数比值 C_{12}	＜0.25	0.25～0.3	0.3～0.35	＞0.35

7.4.2　风险评价指标的分析

结合近年来天津市房地产市场发展状况，对市场风险各指标进行分析，见表7-13和图7-4所示。

(1) 房地产开发投资增长率与 GDP 增长速率比值 C_1

表 7-13 天津市房地产开发投资增长与 GDP 增长分析一览表

年度	房地产开发		GDP		增长率比值 C_1
	投资/亿元	增长/%	数值/亿元	增长/%	
1998	106.70	31.82	1336.38	8.2	3.88
1999	116.96	9.62	1450.06	8.5	1.13
2000	133.93	14.51	1701.88	10.8	1.34
2001	161.27	20.41	1919.09	12.0	1.70
2002	175.85	9.04	2150.76	12.7	0.71
2003	211.39	20.21	2578.03	14.8	1.37
2004	263.92	24.85	3110.97	15.8	1.57
2005	327.54	24.11	3697.62	14.7	1.64
2006	402.32	22.83	4337.73	14.4	1.59
平均值		19.75		12.3	1.61

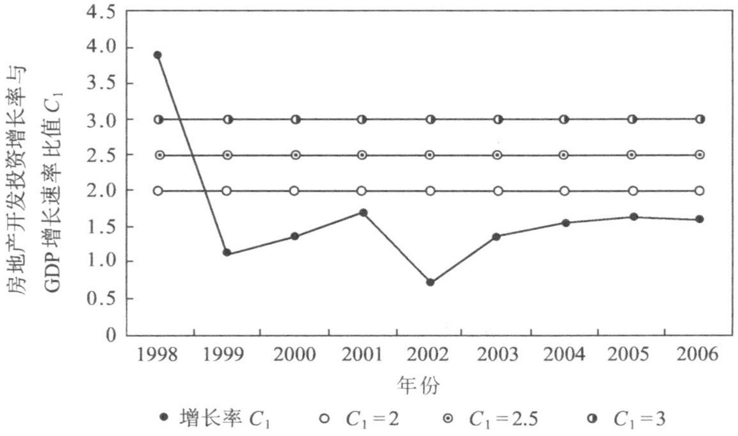

图 7-4 房地产投资增长率与 GDP 增长率比值曲线

从表7-13和图7-4可以看出，随着国民经济的发展，天津市GDP以每年超过12%的速率增长；尽管这些年房地产业的投资以接近20%的速度增长，但二者的比值仅在均值1.66左右移动，大多处于无风险区域；仅在1998年比值高于3，处于高风险区域，当时正处于住房制度改革初期，其投资增长速度过快也可以理解。

（2）房地产开发投资额与全社会固定资产投资额比值 C_2

表7-14　　房地产开发投资额与全社会固定资产投资额比值

年度	房地产开发投资/亿元	全社会固定资产投资/亿元	比值 C_2/%
1997	80.94	498.66	16.23
1998	106.70	575.86	18.53
1999	116.96	567.36	20.62
2000	133.93	608.80	22.00
2001	161.27	705.10	22.87
2002	175.85	811.26	21.68
2003	211.39	1046.72	20.20
2004	263.92	1258.98	20.96
2005	327.54	1516.84	21.60
2006	402.32	1849.80	21.75
平均值			20.64

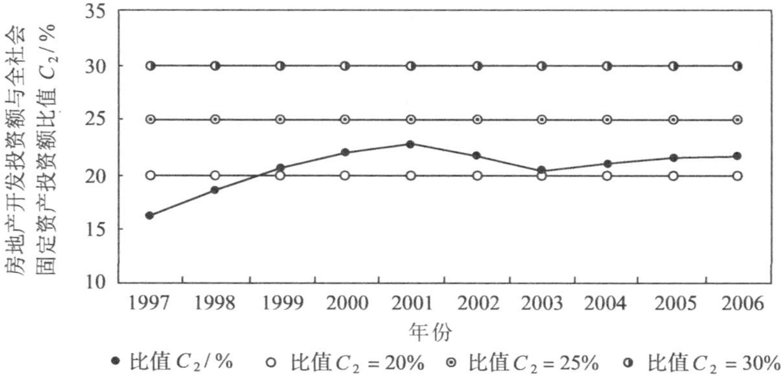

图7-5　房地产开发投资额与全社会固定资产投资额比值曲线

该比值是反映投资结构是否合理的基础性指标。由表 7-14 和图 7-5 知道，房地产投资占全社会固定资产投资总额比例近些年不断增大，导致全社会投资向房地产业倾斜，势必影响其他产业的发展；从 1999 年开始，各年度比值都进入低风险区域。2001 年其比值最高，已经存在一定的市场风险。

（3）房地产开发企业贷款增长率/全社会企业贷款增长率 C_3

表 7-15　房地产开发企业贷款增长率与全社会企业贷款增长率比值

年度	房地产开发贷款余额		金融业贷款余额		比值 C_3/%
	数值/亿元	增长/%	数值/亿元	增长/%	
1999	33.50	−19.30	1825.26	12.04	−1.60
2000	40.40	20.60	1863.60	2.10	9.81
2001	50.61	25.27	2159.86	15.90	1.59
2002	48.41	−4.35	2519.04	16.63	−0.26
2003	91.14	88.27	3426.02	36.00	2.45
2004	83.5	−8.38	4146.50	21.03	−0.40
2005	138.35	65.69	4722.38	13.89	4.73
2006	169.89	22.80	5415.72	14.68	1.55
		23.83		16.51	1.44

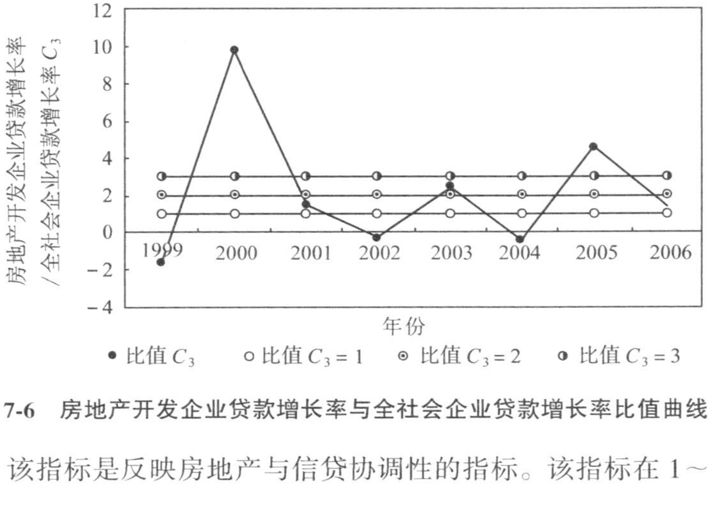

图 7-6　房地产开发企业贷款增长率与全社会企业贷款增长率比值曲线

该指标是反映房地产与信贷协调性的指标。该指标在 1～3 为宜，过高表示银行资金投向房地产市场的速度过快，泡沫的成分较大。从表7-15和图7-6可以看出，在大多数年份中，该比值处于适宜区域；2000年该比值较大，处于高度风险区域；2005年进入低风险区域。

（4）房地产企业自有资金与房地产开发投资总额比值 C_4

表7-16　　房地产企业自有资金与房地产开发投资总额比值

年度	房地产企业自有资金	房地产开发投资总额	比值 C_4
1998	15.02	106.70	0.14
1999	16.88	116.96	0.14
2000	24.26	133.93	0.18
2001	37.10	161.27	0.23
2002	45.12	175.85	0.26
2003	48.72	211.39	0.23
2004	68.55	263.92	0.26
2005	94.96	327.54	0.29
2006	128.2	402.32	0.31
平均值			0.23

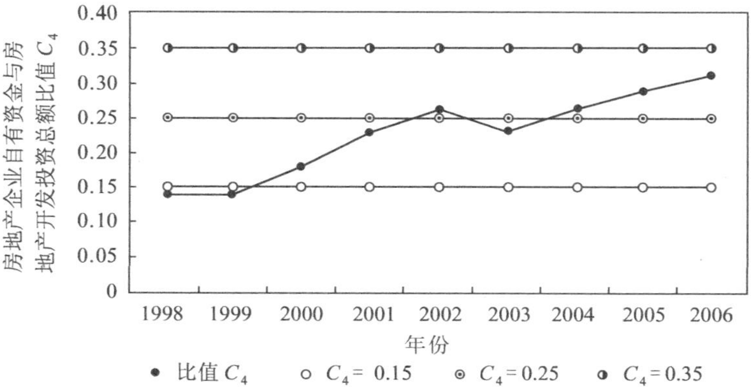

图7-7　房地产企业自有资金与房地产开发投资总额比值曲线

这一指标反映房地产市场的自身实力与对金融业等社会资本的依赖程度，综合起来反映房地产企业自身的抗风险能力。从表7-16和图7-7可以看出，随着房地产业的发展，该比值不断增大。这说明两点：一是房地产自有资金的增长，二是房产开发投资总额的减少。根据目前的状况分析，此比值的增大说明房地产企业的自有资金增加，企业规模在不断加大，抗风险能力也在不断加强。

（5）商品房销售面积与商品房竣工面积比值 C_5

表7-17　商品房销售面积与商品房竣工面积比值一览表

年度	商品房销售面积/万平方米	商品房竣工面积/万平方米	销售面积与竣工面积比值 C_5
1999	258.31	454.81	0.568
2000	378.34	583.51	0.672
2001	537.48	690.48	0.778
2002	564.00	746.44	0.756
2003	786.50	911.27	0.863
2004	847.03	1108.13	0.764
2005	938.02	1479.22	0.823
2006	1144.38	2155.47	0.854
平均值			0.760

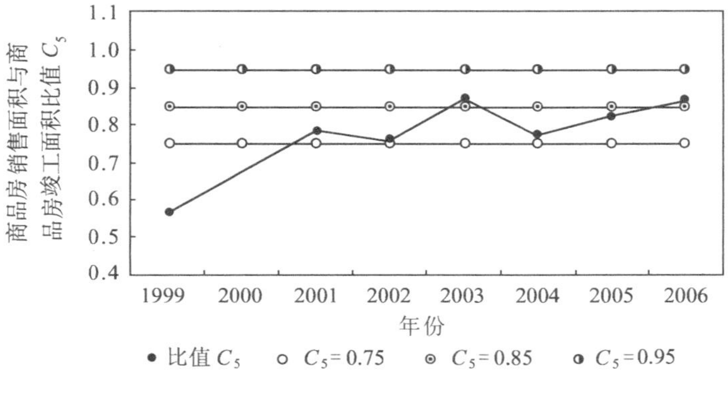

图7-8　商品房销售面积与商品房竣工面积比值曲线

这是反映现房供求是否平衡的重要指标。销售面积一般要低于竣工面积；若销售面积高于竣工面积，则反映市场供不应求；但低得过多，反映市场供过于求，房屋空置率增大，必将产生风险。从表7-17和图7-8可以看出，2001年以来，房地产当年的销售面积有不断增大的态势，说明房地产市场旺盛的需求，已经进入低风险区域，应该引起相关部门的注意。

（6）商品房空置率 C_6

表7-18　　　　商品房空置率一览表

年度	商品房空置面积/万平方米	近三年房屋竣工面积/万平方米	商品房空置率 C_6/%
1999	196.50	1183.16	16.60
2000	191.75	1467.04	13.07
2001	153.00	1728.8	8.85
2002	182.44	2020.43	9.03
2003	124.77	2348.19	5.31
2004	261.10	2765.84	9.44
2005	541.20	3498.62	15.45
2006	696.87	4742.82	14.69
平均值			11.56

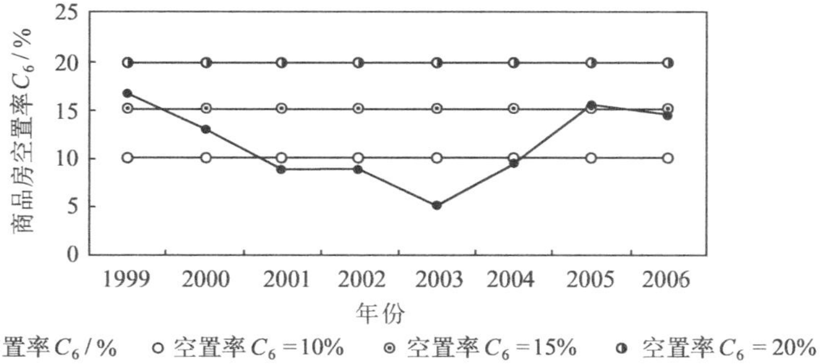

图7-9　天津市商品房空置率曲线

这是反映住房累计供应关系的重要指标，反映了供求匹配的内部协调性。空置率过高或过低，既表示市场的过冷或过热，又将引发商品房价格的波动。鉴于我国房地产发展的历史原因，对全社会空置量没有比较准确的统计数字，参照中华人民共和国建设部的提法，采用商品房空置面积与近三年房屋竣工面积比值这一指标。

空置率在20%以上为严重积压区；在10%～20%之间为空置危险区；在5%～10%之间为合理区；5%以下为空置不足区，即市场过热。从表7-18和图7-9可以看出，1999年和2005年空置率较高，进入中度风险区域。另外，2000年和2006年也进入低风险区域。

（7）房价收入比 C_7

表7-19　　房价收入比一览表

年度	城镇居民家庭人均可支配收入/元	房屋价格/(元/平方米)	房价收入比 C_7（100平方米）	房价收入比 C_7（70平方米）
1999	7650	2053	8.95	6.26
2000	8141	2112	8.65	6.05
2001	8959	2375	8.84	6.19
2002	9338	2487	8.88	6.21
2003	10313	2518	8.14	5.70
2004	11467	3155	9.17	6.42
2005	12639	3986	10.51	7.36
2006	13903	4265	10.23	7.16

注：城镇居民家庭每户按3人计算，住房面积以100平方米计算。

该指标反映了居民对房产的相对购买能力。西方学者认为，房价收入比在3～6倍之间比较合理，而我国由于特殊的住房体制、隐性收入高、需求长期压抑等原因，目前正常的房价收入比在5～8倍间属于正常。从表7-19和图7-10可以看出，天津市房价收入比较大，人们的相对购买能力偏弱。本书认为，可以从两个方面分析该问题：一是开发商目前提供的房地产商品中，中高档、大户型商品房居多，低档及小户型商品房偏少，这就造成房价的偏高；二是随着城市化进程的加快，居民的普遍收入相对还偏低，这就要求开发商应该多生产低档商品房、经济适用房等，只有这样，才能解

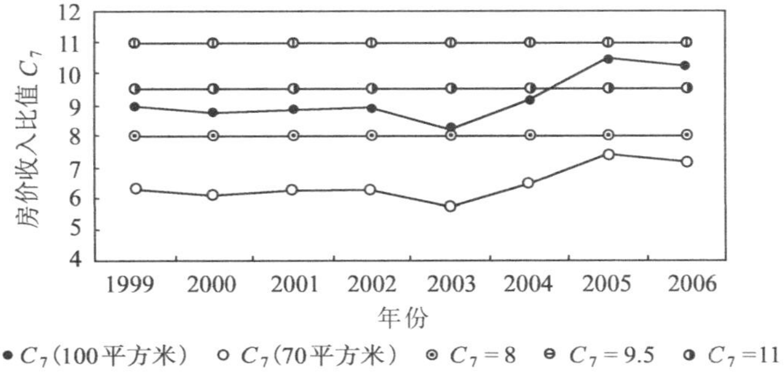

图 7-10　房价收入比曲线

决目前空置率偏高，而老百姓又买不到合适住房的矛盾。

（8）商品房价增幅/GDP增幅 C_8

表 7-20　　商品房价增幅与GDP增幅比值一览表

年度	商品房价格		GDP		增长率比值 C_8
	价格/元	增长/%	数值/亿元	增长/%	
1997	80.94		1235.28		
1998	2063	3.31	1336.38	8.2	0.40
1999	2053	−0.48	1450.06	8.5	−0.06
2000	2112	2.87	1701.88	10.8	0.27
2001	2375	12.45	1919.09	12.0	1.04
2002	2487	4.72	2150.76	12.7	0.37
2003	2518	1.25	2578.03	14.8	0.08
2004	3155	25.30	3110.97	15.8	1.60
2005	3986	26.34	3697.62	14.7	1.79
2006	4265	7.00	4337.73	14.4	0.49
平均值		9.20		12.43	0.74

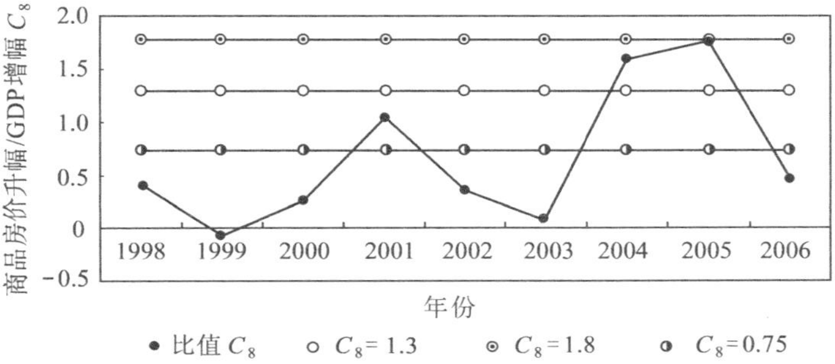

图 7-11 商品房价增幅与 GDP 增幅比值曲线

该指标是测量房地产相对实体经济（GDP）增长速度的动态相对指标。该指标值越大，房地产市场风险程度越大。一般认为，当房价上涨幅度是 GDP 增幅的 2 倍以上时，认为房价很不正常，有较大泡沫。从表 7-20 和图 7-11 可以看出，2001 年，2004 年和 2005 年该比值较大，分别进入低、中度风险区域。

（9）房地产土地开发面积与房地产土地购置面积比值 C_9

表 7-21 房地产土地开发面积与房地产土地购置面积比值一览表

年度	土地开发面积/万平方米	土地购置面积/万平方米	C_9
1999	335.53	189.71	1.77
2000	492.22	330.77	1.49
2001	468.03	519.02	0.90
2002	575.01	582.65	0.99
2003	740.45	1093.27	0.68
2004	535.44	1059.11	0.51
2005	986.33	712.26	1.39
2006	1437.25	1037.88	1.38
平均值			1.14

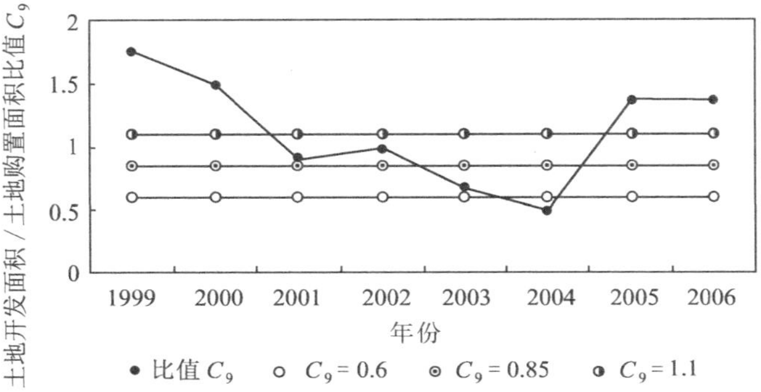

图 7-12　房地产土地开发面积与房地产土地购置面积比值曲线

该指标显示开发商手中待开发土地的数量，既反映了房地产开发企业对市场、地价和利率发展走势的预期，又反映政府管理部门调控市场的政策效果。该指标的不足在于不能直接反映开发商手中待开发土地的数量，这就使得政府的调控政策有时不能起到立竿见影的作用。开发商可以根据市场的需求来决定土地的开发面积，进而控制商品房的供应量。从表 7-21 和图 7-12 可以看出，从 1999 年至 2004 年，该比值不断降低，一方面反映土地开发面积相对土地购买面积不断降低；另一方面反映土地购置面积相对土地开发面积逐渐升高。2004 年以后，随着市场需求的增加，该比值不断增大，开发商的利益得以充分的实现。该比值过大直接导致房地产市场风险。

（10）房地产开发房屋施工面积与房屋竣工面积比值 C_{10}

这是一个比较重要的前瞻性指标。施工面积通常为竣工面积的 3～5 倍，故施工面积反映了 1～2 年后现房供应量，其值过小，会出现供应短缺；其值过大，未来供应量将会放大，空置率就会增大，导致市场风险。从表 7-22 和图 7-13 可以看出，1999 年其比值过大，进入风险区域；而 2005 年其比值过小，导致 2006 年后的房地产供不应求，房价迅速增长，同样导致市场风险。

表 7-22　　房屋施工面积与房屋竣工面积比值一览表

年度	商品房施工面积/万平方米	商品房竣工面积/万平方米	施工面积与竣工面积比值 C_{10}
1999	2379.3	454.81	5.23
2000	2495.17	583.51	4.28
2001	2596.75	690.48	3.76
2002	3035.52	746.44	4.07
2003	3352.20	911.27	3.68
2004	4160.45	1108.13	3.75
2005	3470.57	1479.22	2.35
2006	6164.52	2155.47	2.86
平均值			3.75

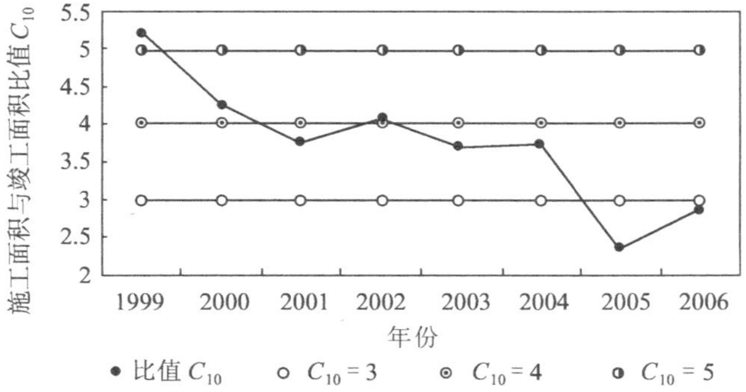

图 7-13　房屋施工面积与房屋竣工面积比值曲线

（11）房屋销售平均价格增长较城镇居民消费价格增长的增幅 C_{11}

表 7-23　商品房价格增长率与 CPI 增长率的比值一览表

年度	商品房价格增长率/%	CPI 增长率/%	增长率比值 C_{11}
1998	3.31	-0.8	-4.14
1999	-0.48	-1.4	0.34
2000	2.87	0.4	7.18
2001	12.45	0.7	17.79
2002	4.72	-0.8	-5.90
2003	1.25	1.2	1.04
2004	25.30	3.9	6.49
2005	26.34	1.8	14.63
2006	7.00	1.5	4.67

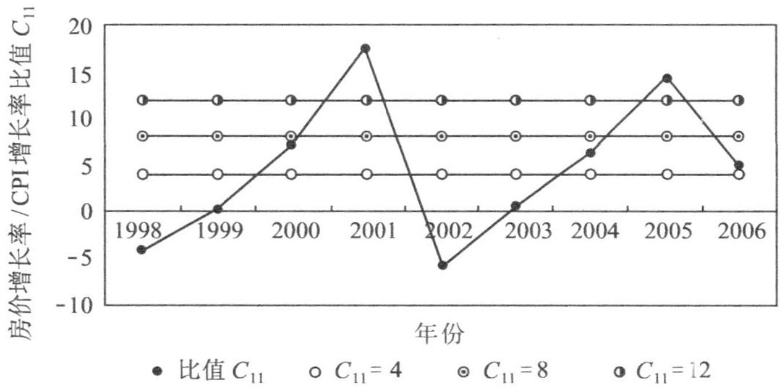

图 7-14　商品房价格增长率与 CPI 增长率的比值曲线

这一指标不仅影响房地产市场的现实需求，更将从消费者心理放大对预期需求的影响。若房屋销售价格指数大于 CPI 指数，则意味着房地产风险预警。从表 7-23 和图 7-14 可以看出，2001 年和 2005 年该比值均进入高度风险区域，构成房地产的潜在风险。

（12）房地产开发投资与房地产开发企业个数比值 C_{12}

表 7-24 房地产开发投资与房地产开发企业个数比值一览表

年度	开发投资总额/亿元	开发企业总数/个	比值 C_{12}/(亿元/个)
1999	116.96	663	0.18
2000	133.93	695	0.19
2001	161.27	689	0.23
2002	175.85	797	0.22
2003	211.39	761	0.28
2004	263.92	1007	0.26
2005	327.54	1025	0.32
2006	402.32	1043	0.39
平均值			0.26

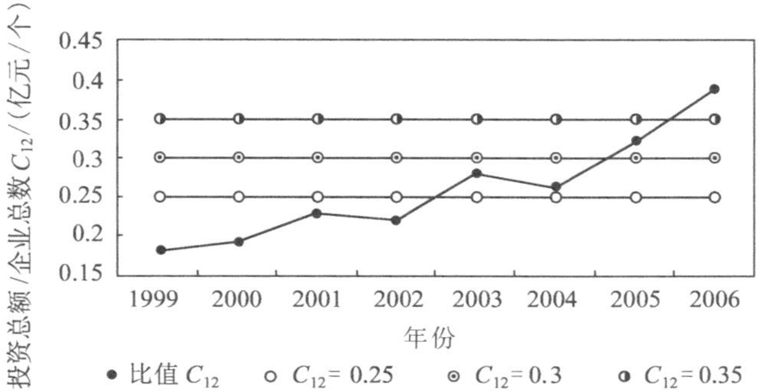

图 7-15 房地产开发投资与房地产开发企业个数比值曲线

该指标是从房地产企业自身的平均投资强度来分析对房地产市场的影响，同时折射出房地产的市场结构是否合理。当比值过低时，反映房地产企业整体实力不强，水平有待提高，抗风险能力弱；当比值过高时，将导致市场的不公平竞争和市场垄断风险增加。从表 7-24 和图 7-15 可以看出，该比值随着房地产业的发展而不断增大，说明房地产企业的规模在逐渐增大，其抗风险能力也在不断增大。

7.4.3　天津市房地产市场风险总体评价

（1）各年度天津市房地产风险测度值

通过上节对各风险评价指标的分析，得到各年度风险测度值，如表7-25所示。

表7-25　　天津市房地产各年度风险指标测度值

年度	C_1	C_2	C_3	C_4	C_5	C_6	C_7	C_8	C_9	C_{10}	C_{11}	C_{12}
1998	7	1		1				1			1	
1999	1	3	1	1	1	5	3	1	7	7	1	1
2000	1	3	7	3	1	3	3	1	7	5	3	1
2001	1	3	1	3	3	1	3	3	5	3	7	1
2002	1	3	1	5	3	1	3	1	5	5	1	1
2003	1	3	3	3	5	1	3	1	3	3	1	3
2004	1	3	1	5	3	3	5	5	1	3	3	3
2005	1	3	5	5	5	5	7	7	7	1	7	5
2006	1	3	3	5	5	5	5	3	7	3	3	7

（2）用层次分析法确定各指标权重[150-151]

表7-26　　风险指标权重一览表

目标层	准则层	指标层	路径权重	指标权重
房地产市场风险评价 A	投资规模路径指标 B_1	房地产开发投资增长率与GDP增长速率比值 C_1	0.16	0.67
		房地产开发投资额与全社会固定资产投资额比值 C_2		0.33
	金融资本路径指标 B_2	房地产开发企业贷款增长率/全社会企业贷款增长率 C_3	0.08	0.75
		房地产企业自有资金与房地产开发投资总额比值 C_4		0.25
	即期交易路径指标 B_3	商品房销售面积与商品房竣工面积比值 C_5	0.45	0.12
		商品房空置率 C_6		0.25
		房价收入比 C_7		0.56
		商品房价升幅/GDP增幅 C_8		0.07
	预期市场路径指标 B_4	房地产土地开发面积与房地产土地购置面积比值 C_9	0.31	0.52
		房地产开发房屋施工面积与房屋竣工面积比值 C_{10}		0.27
		房屋销售平均价格增长较城镇居民消费价格增长的增幅 C_{11}		0.16
		房地产开发投资与房地产开发企业个数比值 C_{12}		0.05

计算过程如下。

① 构建判断矩阵 $\boldsymbol{A}$，$\boldsymbol{B}_1$，$\boldsymbol{B}_2$，$\boldsymbol{B}_3$，$\boldsymbol{B}_4$。

$$\boldsymbol{A}=\begin{bmatrix} B_{11} & B_{12} & B_{13} & B_{14} \\ B_{21} & B_{22} & B_{23} & B_{24} \\ B_{31} & B_{32} & B_{33} & B_{34} \\ B_{41} & B_{42} & B_{43} & B_{44} \end{bmatrix}=\begin{bmatrix} 1 & 2 & \frac{1}{3} & \frac{1}{2} \\ \frac{1}{2} & 1 & \frac{1}{5} & \frac{1}{4} \\ 3 & 5 & 1 & 2 \\ 2 & 4 & \frac{1}{2} & 1 \end{bmatrix}$$

$$\boldsymbol{B}_1=\begin{bmatrix} C_{11} & C_{12} \\ C_{21} & C_{22} \end{bmatrix}=\begin{bmatrix} 1 & 2 \\ \frac{1}{2} & 1 \end{bmatrix}$$

$$\boldsymbol{B}_2=\begin{bmatrix} C_{33} & C_{34} \\ C_{43} & C_{44} \end{bmatrix}=\begin{bmatrix} 1 & 3 \\ \frac{1}{3} & 1 \end{bmatrix}$$

$$\boldsymbol{B}_3=\begin{bmatrix} C_{55} & C_{56} & C_{57} & C_{58} \\ C_{65} & C_{66} & C_{67} & C_{68} \\ C_{75} & C_{76} & C_{77} & C_{78} \\ C_{85} & C_{86} & C_{87} & C_{88} \end{bmatrix}=\begin{bmatrix} 1 & \frac{1}{3} & \frac{1}{5} & 2 \\ 3 & 1 & \frac{1}{3} & 3 \\ 5 & 3 & 1 & 7 \\ \frac{1}{2} & \frac{1}{3} & \frac{1}{7} & 1 \end{bmatrix}$$

$$\boldsymbol{B}_4=\begin{bmatrix} C_{9\text{-}9} & C_{9\text{-}10} & C_{9\text{-}11} & C_{9\text{-}12} \\ C_{10\text{-}9} & C_{10\text{-}10} & C_{10\text{-}11} & C_{10\text{-}12} \\ C_{11\text{-}9} & C_{11\text{-}10} & C_{11\text{-}11} & C_{11\text{-}12} \\ C_{12\text{-}9} & C_{12\text{-}10} & C_{12\text{-}11} & C_{12\text{-}12} \end{bmatrix}=\begin{bmatrix} 1 & 5 & 3 & 7 \\ \frac{1}{5} & 1 & 2 & 5 \\ \frac{1}{3} & \frac{1}{2} & 1 & 3 \\ \frac{1}{7} & \frac{1}{5} & \frac{1}{3} & 1 \end{bmatrix}$$

② 由和算法得各矩阵的特征向量：

矩阵 $\boldsymbol{A}$ 的特征向量

$$W_A = \begin{bmatrix} 0.16 \\ 0.08 \\ 0.45 \\ 0.31 \end{bmatrix} = [0.16 \quad 0.08 \quad 0.45 \quad 0.31]^T$$

矩阵 $\boldsymbol{B}_1$ 的特征向量

$$W_{B1} = \begin{bmatrix} 0.67 \\ 0.33 \end{bmatrix} = [0.67 \quad 0.33]^T$$

矩阵 $\boldsymbol{B}_2$ 的特征向量

$$W_{B2} = \begin{bmatrix} 0.75 \\ 0.25 \end{bmatrix} = [0.75 \quad 0.25]^T$$

矩阵 $\boldsymbol{B}_3$ 的特征向量

$$W_{B3} = \begin{bmatrix} 0.12 \\ 0.25 \\ 0.56 \\ 0.07 \end{bmatrix} = [0.12 \quad 0.25 \quad 0.56 \quad 0.07]^T$$

矩阵 $\boldsymbol{B}_4$ 的特征向量

$$W_{B4} = \begin{bmatrix} 0.52 \\ 0.27 \\ 0.16 \\ 0.05 \end{bmatrix} = [0.52 \quad 0.27 \quad 0.16 \quad 0.05]^T$$

③ 一致性检验。在建立判断矩阵过程中，涉及人的主观判断，因而会出现判断不一致的情况。为了保证评价分析的有效性，必须进行一致性检验。

具体过程如下。

$$\boldsymbol{AW}_A=\begin{bmatrix}1 & 2 & \frac{1}{3} & \frac{1}{2}\\ \frac{1}{2} & 1 & \frac{1}{5} & \frac{1}{4}\\ 3 & 5 & 1 & 2\\ 2 & 4 & \frac{1}{2} & 1\end{bmatrix}\begin{bmatrix}0.16\\0.08\\0.45\\0.31\end{bmatrix}=\begin{bmatrix}0.625\\0.325\\1.95\\1.175\end{bmatrix}$$

$$\lambda_{\max}=\frac{1}{4}\left(\frac{0.625}{0.16}+\frac{0.325}{0.08}+\frac{1.95}{0.45}+\frac{1.175}{0.31}\right)=4.02$$

由此得

$$C.I.=\frac{\lambda_{\max}-n}{n-1}=0.007$$

查表得

$$C.R.=0.9$$

则

$$CR=\frac{C.I.}{C.R.}=\frac{0.007}{0.9}=0.008<1$$

所以判断矩阵 **A** 的一致性符合要求，可以接受。

同理，判断矩阵 $\boldsymbol{B}_1$，$\boldsymbol{B}_2$，$\boldsymbol{B}_3$，$\boldsymbol{B}_4$ 也符合一致性要求，均可以接受。

(3) 天津市房地产各年度风险测度值

① 计算综合权重。

$$\boldsymbol{W}_T = \sum \boldsymbol{W}_{Bi}\boldsymbol{W}_A = \begin{bmatrix} 0.67 & 0 & 0 & 0 \\ 0.33 & 0 & 0 & 0 \\ 0 & 0.75 & 0 & 0 \\ 0 & 0.25 & 0 & 0 \\ 0 & 0 & 0.12 & 0 \\ 0 & 0 & 0.25 & 0 \\ 0 & 0 & 0.56 & 0 \\ 0 & 0 & 0.07 & 0 \\ 0 & 0 & 0 & 0.52 \\ 0 & 0 & 0 & 0.27 \\ 0 & 0 & 0 & 0.16 \\ 0 & 0 & 0 & 0.05 \end{bmatrix} \begin{bmatrix} 0.16 \\ 0.08 \\ 0.45 \\ 0.31 \end{bmatrix} = \begin{bmatrix} 0.11 \\ 0.05 \\ 0.06 \\ 0.02 \\ 0.05 \\ 0.12 \\ 0.25 \\ 0.03 \\ 0.16 \\ 0.08 \\ 0.05 \\ 0.02 \end{bmatrix}$$

② 各年度（1999—2006年）的风险值计算。

$\boldsymbol{\alpha} = \boldsymbol{C} \times \boldsymbol{W}_T$

$$= \begin{bmatrix} 1 & 3 & 1 & 1 & 1 & 5 & 3 & 1 & 7 & 7 & 1 & 1 \\ 1 & 3 & 7 & 3 & 1 & 3 & 3 & 1 & 7 & 5 & 3 & 1 \\ 1 & 3 & 1 & 3 & 3 & 1 & 3 & 3 & 5 & 3 & 7 & 1 \\ 1 & 3 & 1 & 5 & 3 & 1 & 3 & 1 & 5 & 5 & 1 & 1 \\ 1 & 3 & 3 & 3 & 5 & 1 & 3 & 1 & 3 & 3 & 1 & 3 \\ 1 & 3 & 1 & 5 & 3 & 3 & 5 & 5 & 1 & 3 & 3 & 3 \\ 1 & 3 & 5 & 5 & 5 & 5 & 7 & 7 & 7 & 1 & 7 & 5 \\ 1 & 3 & 3 & 5 & 5 & 5 & 7 & 3 & 7 & 3 & 3 & 7 \end{bmatrix} \begin{bmatrix} 0.11 \\ 0.05 \\ 0.06 \\ 0.02 \\ 0.05 \\ 0.12 \\ 0.25 \\ 0.03 \\ 0.16 \\ 0.08 \\ 0.05 \\ 0.02 \end{bmatrix} = \begin{bmatrix} 3.52 \\ 3.62 \\ 2.90 \\ 2.74 \\ 2.48 \\ 2.94 \\ 5.12 \\ 4.64 \end{bmatrix}$$

结果如表7-27所示。

表 7-27 天津市房地产市场整体风险评价表

年度	风险测度值	风险评价
1999	3.52	低度风险
2000	3.62	低度风险
2001	2.90	无风险
2002	2.74	无风险
2003	2.48	无风险
2004	2.94	无风险
2005	5.12	中度风险
2006	4.64	低度风险(接近中度)

综合上述分析和表 7-24 的结果，可以得出天津市房地产市场整体风险结论：天津市房地产市场在 2001—2003 年处于稳定状态；2004 年已经处于偏热状态，进入风险预警时期；2005 年已经进入过热状态，进一步发展将引发房地产市场危机。因此，必须加以宏观调控，以降低市场风险，保证市场持续、健康、协调发展。

8 总结与展望

8.1 主要结论

本书借助产业组织理论对产业的研究方法，以结构—行为—绩效(即SCP范式)为主线，对我国房地产市场的结构、企业行为和市场绩效进行分析与研究，同时对由市场结构和行为导致的房地产市场风险成因进行了分析与讨论。在本书中，探讨了西方产业组织理论的发展环境与我国房地产业发展环境的异同，力求将西方产业组织理论的精髓合理、有效地融入我国的房地产市场发展研究过程。同时，本书运用系统的评价技术，分析、借鉴国内外有关的研究文献，较为系统地对房地产业的市场结构、市场行为、市场绩效和市场风险等进行了评价及研究。

全书主要研究结论包括以下几个方面。

第一，从市场结构理论入手，对我国房地产业市场结构中的产业集中度、产品差异化程度和进入壁垒进行全面的研究。尽管由于计划经济等因素的存在，决定我国房地产市场处于区域寡头垄断状态，但本书认为，我国房地产市场结构仍然处于较低阶段，虽然近几年房地产市场结构已经有了很大程度的改善；但随着市场需求的快速增长，在某种程度上，造成产业进入壁垒的失效；企业的过度进入，导致我国房地产开发企业规模普遍较低，缺乏占支配地位的开发商对进入者实施有效的阻止策略。在这种情况下，政府应该承担起优化市场结构的部分职能，而不能完全依靠纯粹的市场调整和自然淘汰。

第二，对房地产企业行为，尤其是对房地产市场价格行为进行全面分析，利用蛛网模型，对目前房地产价格进行分析，并对未来发展进行了预测。随着房地产业的发展，其定价策略已经由最初的成本导向定价、竞争导向定价过渡到需求导向定价。由于我国目前强大的市场需求，导致房地产价格不断攀升，没有迹象表明有下降的趋势；这就要求政府必须出台相应、有效的宏观调控政策，抑制房价过度增长，使房地产业能够健康、持续发展。

第三，依据结构决定行为，行为产生相应的市场绩效分析思路，对房地产市场绩效进行分析研究。本书认为，尽管近些年房地产业对国民经济的发展作出了很大的贡献，但其自身市场绩效并不是很高。提高房地产市场绩效至少要从两方面入手：一是政府方面，既要充分发挥政府宏观调控职能，坚持有所为有所不为的原则，还要充分发挥政府的导向作用，促进房地产市场健康、良性发展；二是从企业角度，充分发挥微观市场的主导作用，加速房地产市场的结构优化，规范企业行为，从而提高房地产市场绩效。

第四，依据 SCP 范式，对我国房地产市场风险产生原因进行了分析。本书认为，市场结构是导致房地产市场风险的原因之一，将市场结构因素引入全新的市场风险的评价体系，为房地产市场风险的评价的全面性提供了一定的借鉴。

本书的创新点如下。

① 对研究我国房地产市场结构的部分参数进行了改进，并对我国房地产业市场结构类型的判定标准进行了重新定义。以产业组织理论为基础，对房地产业的市场集中度、产品差异化程度和产业的进入壁垒进行分析，同时兼顾房地产业的特点和我国目前正处于由计划经济向市场经济转轨的因素，用定性和定量的方法定义了目前我国房地产业的市场类型标准。

② 应用改进的价格-费用法，对天津市房地产市场的进入壁垒值和实际情况进行实证研究，并得出结论。基于产业组织理论和我

国目前的房地产市场的实际情况，对传统的价格-费用法进行了修正，并利用修正的价格-费用法，对天津市房地产市场的进入壁垒进行了分析，并得出相应结论。

③ 应用统计相关理论，对房产市场价格行为进行分析，定量验证了市场行为引发房地产价格的发散递增，并将导致房地产市场风险的结论。重点分析了房地产市场结构、市场行为对市场风险的影响，通过统计学相关分析及天津市房地产市场数据，定量得出房地产市场的供需曲线模型，从而得出结论：天津市房地产市场的价格是发散增长的，远离平衡态，是产生房地产市场风险的因素之一。

④ 应用研究市场结构与市场绩效之间关系的Berger模型，对天津市房地产市场的市场结构与市场绩效的关系进行实证研究，并得出结论。运用数据包络分析，对房地产市场的技术、规模效率进行分析，并利用其对Berger模型进行改进；利用改进的模型，对天津市房地产市场的市场结构与市场绩效的关系进行实证研究，并给出最终的结论。

⑤ 从产业组织理论SCP范式角度，分析房地产市场风险的成因及其演化规律，建立一套全新的房地产市场风险评价指标体系。基于产业结构的角度，借鉴前人的研究成果，重新建立了房地产市场风险的评价体系；将产业结构因素引进评价指标，从而使风险评价更加全面、具体，具有一定的时效性。

8.2　进一步的展望

通过对我国房地产业的市场结构、行为、绩效和市场风险的研究，本书认为，这项工作对目前我国房地产业的发展具有重要的现实意义。为了提高房地产业的市场绩效，规避市场风险，使我国房地产业能够持续、健康地发展，政府相关部门以及相关研究机构应该重视本研究所关注的问题。由于笔者的能力及时间所限，本书仅围绕产业组织理论的基础进行研究，还有一些问题有待展开更深层次的研究。本书认为，今后的研究重点如下。

① 继续加深对产业组织理论的研究，注重于西方经济发展历史和我国目前所处经济状态的不同，找出其相同点及不同之处；补充、完善西方产业组织理论在我国房地产市场研究中的应用。

② 我国目前房地产市场一系列评价存在的一个重要的问题是数据的可靠性和数据的来源问题。(例如，房地产业的行业利润就于实际情况相差甚远。)这就提醒政府部门，加强对房地产企业及相关统计部门的管理工作，提高研究工作的指导意义，使研究工作能真正起到为房地产业的发展保驾护航的作用。

③ 结合西方产业组织理论，深入探讨我国房地产业市场结构与市场绩效的关系，找出更加切实有效的研究方法，从而提出对提高房地产市场绩效的合理建议，达到理论指导实践的目的。

④ 不断改进、完善房地产市场风险的评价体系，探讨更加符合实际的评价方法，对房地产市场风险进行动态的评价。为房地产业规避风险、健康发展提供及时的信息，为国民经济发展添砖加瓦。

参考文献

[1] 潘熙宁.中国房地产才起步便进入红灯区[J].价格月刊,1993(12):12-15.

[2] 易宪容.银行加息对抑制投资过热的有效性分析[J].财经理论与实践,2004(4):22-24.

[3] 李丽.对当前房地产市场的四个问题的探讨[J].中国房地产,2003(7).

[4] 徐连仲,张学武.当前房地产市场十大问题[J].瞭望,2003(3).

[5] 李中斌.风险管理解读[M].北京:石油工业出版社,2000:122-132.

[6] Richard Gerlach, Patrick Wilson, Ralf Zurbruegg. Structural breaks and diversification: The impact of the 1997 Asian financial crisis on the integration of Asia-Pacific real estate markets[J]. Journal of International Money and Finance, 2006, 25(6):974-991.

[7] Christopher B Barry, Mauricio Rodriguez. Risk and return characteristics of property indices in emerging markets [J]. Emerging Markets Review, 2004,5(2):131-159.

[8] 张青晖,沙基昌.风险分析综述[J].系统工程与电子技术,1996(2):42 -45.

[9] 李启明.房地产投资风险及其辨识[J].建筑经济,1995(11):37-41.

[10] 夏荣鹏.房地产投资风险及其控制[J].中国房地产,1995(8):22-24.

[11] 谭峻.影响房地产市场的主要因素[J].中国管理科学,1999(7):724.

[12] 周鲜华.房地产投资的风险及其防范[J].哈尔滨建筑大学学报,1998(31):90-92.
[13] 张宇祥.房地产投资风险与防范策略[J].中国房地产,2001(7):720-724.
[14] 贾楠.关于房地产投资风险类型的研究[J].建筑管理现代化,2002(2):38.
[15] 金长宏.论房地产开发风险[J].基建优化,2003(24):20-22.
[16] 王维安,贺聪.房地产市场区域性风险扩散机制研究[J].财经研究,2005(1).
[17] 张玲玲,王宗志,顾敏.房地产风险评价的投影寻踪模型研究[J].水利经济,2005(1).
[18] 温进,刘伯权.房地产投资开发的六个阶段与四种风险管理[J].经济管理,2006(13).
[19] 赵世强.房地产开发风险多级模糊综合评价[J].河北农业大学学报,1996(1):91-95.
[20] 杨力.房地产投资风险分析及测度方法[J].安徽大学学报,1997(3):79-83.
[21] 胡俊超.滚动开发条件下房地产投资项目风险估量[J].宁夏师范专科学院学报,1997(17):3-5.
[22] 黄富年.房地产投资风险及其度量[J].重庆工业管理学院学报,1997(11):55-57.
[23] 徐念榕.房地产投资风险分析方法的研究[J].1997(8):10-12.
[24] 郝丽萍,戈勇.模特卡洛法在房地产开发风险分析中的应用[J].技术经济,2000(1):44-49.
[25] 周生路.房地产投资决策支持系统开发设计研究[J].人文地理,2002(17):55-57.
[26] 王广月,陈继光,付志前.房地产风险投资的多目标决策分析

和应用[J].数学的实践与认识,2003(5):20-25.

[27] 熊红梅,王慧敏.房地产投资风险综合评价研究[J].华北水利水电学院学报,2005(1):10-15.

[28] 匡建超,陈小花.基于改进遗传算法的房地产投资项目风险评价模型[J].商业研究,2006(21):25-30.

[29] 朱明强.BP神经网络在房地产投资风险分析中的应用[J].四川建筑科学研究,2006(6):34-36.

[30] 罗福周,孔凡楼.带投资风险度的随机净现值分析方法[J].西安建筑科技大学学报:自然科学版,2006(3):25-27.

[31] 温海珍,贾生华,杨志威.BAYES方法在房地产项目方案比选中的应用[J].土木工程学报,2006(9):41-42.

[32] 卢卫.对我国房地产泡沫论争的综述[J].经济学动态,2003(6):48-51.

[33] 王晓国,刘绍育.我国房地产业冷热的实证研究[J].价格理论与实践,2003(11):33-35.

[34] 刘洪玉,郑思齐.中国房地产市场中的“泡沫”与“过热”问题分析[J].建筑经济,2003(2):36-40.

[35] 谢经荣.地产泡沫与金融危机[M].北京:经济管理出版社,2002:29-31.

[36] 谭刚.房地产业周期波动理论、实证与政策分析[M].北京:经济管理出版社,2001:214- 217.

[37] 邓伟根.产业经济学[M].北京:经济管理出版社,2001(3):5-7.

[38] 蒋殿春.高级微观经济学[M].北京:经济管理出版社,2000.

[39] 丹尼斯·卡尔顿,杰弗里·佩罗夫.现代产业组织[M].上海:上海三联书店,上海人民出版社,1998.

[40] 杨文武.中国房地产业指标体系建立的理论分析与实证研究[D].四川大学,2003:20 -27.

[41] 中华人民共和国建设部.关于发展城市房地产业报告[R].1998.
[42] 包亚钧,汪洪涛.房地产经济论:房地产业可持续发展研究[M].上海:同济大学出版社,1998.
[43] 胡定核.中国房地产经济[M].成都:四川大学出版社,1992:8.
[44] 郭鸿愚.城市房地产产业政策的目标取向与内容设计[J].南开经济研究,1998(2):3-7.
[45] 郝寿义.房地产群市场论[J].天津社会科学,1994(5):34-39.
[46] 郑冬子.地理学区域概念的哲学思考[J].自然辩证法研究,1999(4):27-30.
[47] 魏清泉.区域规划原理和方法[M].广州:中山大学出版社,1994:1-2.
[48] 林斗明.房地产区域研究[J].国土经济,1996(3):24-27.
[49] 刘晓宁.区域因素对房地产开发影响的比较研究[J].中国房地产,1996(7):45-48.
[50] 陈浮,彭补拙.中国房地产业非均衡发展研究[J].中国房地产,1997(9):12-15.
[51] 王全民.房地产经济学[M].大连:东北财经大学出版社,2002:16-17.
[52] 陈浮,王良健.中国房地产市场化区域差异与发展战略研究[J].财经理论与实践,2000(5):104-107.
[53] 夏大慰.竞争与规制[M].上海:上海财经大学出版社,2002.
[54] 曹振良.中国房地产业发展与管理研究[M].北京:北京大学出版社,2002.
[55] 侯方高.房地产业发展的几个理论问题[J].青岛建筑工程学院学报,2001(1):12-16.
[56] 莫尔豪斯·伊利.土地经济学原理[M].北京:商务印书馆,

1992.
[57] 保罗·A.萨谬尔森.经济学[M]. 北京:中国发展出版社,1982.
[58] 陆大道.区位论及区域研究方法[M]. 北京:科学出版社,1992.
[59] 赫希.城市经济学[M]. 刘世庆,译.北京:中国社会科学出版社,1990.
[60] 王志宪,徐科峰.房地产价格评估[M]. 西安:西安地图出版社,1997:7.
[61] 王俊豪.现代产业理论与政策[M].北京:中国经济出版社,2000.
[62] 吉恩·泰勒尔.产业组织理论[M].北京:中国人民大学出版社,1997.
[63] 刘易斯·卡布罗.产业组织导论[M].北京:人民邮电出版社,2002.
[64] 戴伯勋.现代产业经济学[M].北京:经济管理出版社,2001.
[65] 杨治.产业经济学导论[M].北京:中国人民大学出版社,1985.
[66] Bain J S. Industrial organization [M]. New York:Wiley,1959.
[67] 夏大慰.产业组织与公共政策:芝加哥学派[J].外国经济与管理,1999(9).
[68] Scherer F M. Industrial market structure and economic performance [M]. Second edition Boston. MA: Horghton-Mifflin,1980.
[69] 夏大慰.产业组织与公共政策:新奥地利学派[J].外国经济与管理,1999(9).
[70] 张维迎.企业理论与中国企业改革[M].北京:北京大学出版社,1999.

[71] Williamson,O E. The economic institution of capitalism. [M]. New York:Free Press,1985.
[72] 于立,李平.产业经济学理论与实践问题研究[M].北京:北京经济管理出版社,2000.
[73] 植草益.日本的产业组织[M].锁箭,译.北京:经济管理出版社,2000.
[74] 陈小洪,金忠义.企业市场关系分析:产业组织理论及其应用[M].北京:北京科技文献出版社,1990.
[75] 马建堂.结构与行为:中国产业组织研究[M].北京:中国人民大学出版社,1993.
[76] 李悦.产业经济学[M].北京:中国人民大学出版社,1998:80-100.
[77] 金碚.产业组织经济学[M].北京:经济管理出版社,1999:56-78.
[78] 贺清云.湖南省房地产业结构调整研究[J].人文地理,2001(6):75-78.
[79] 曹振良.论房地产业在我国产业结构调整中的战略地位[J].南开经济研究,1995(6):3-9.
[80] 周刚.我国房地产业市场结构探析[J].重庆建筑大学学报:社会科学版,2001(9):75 -142.
[81] 周京奎.产业集中型垄断与中国房地产市场结构优化[J].生产力研究,2002(3):180-183.
[82] 申立银,俞明轩.房地产业结构及其影响因素[J].北京房地产,1995(3):45-46.
[83] 刘福垣.我国房地产业结构失衡的根源及对策[J].计划与市场探索,2003(6):1-4.
[84] 姜青舫,陈方正.风险度量原理[M].上海:同济大学出版社,2000:42.

[85] 王洪波,宋国良.风险预警机制[M].北京:经济管理出版社,2002:32.
[86] 沈建明.项目风险管理[M].北京:机械工业出版社,2003(12):49-120.
[87] 龙茂发,马明宗.产业经济学概论[M].成都:西南财经大学出版社,1996:104-116.
[88] 于良春,魏如山.中国银行业的市场结构分析[J].山东金融,1999(5):28.
[89] 夏大慰.产业组织学[M].上海:复旦大学出版社,1994:32-35.
[90] 毛林根.结构·行为·绩效:中国工业产业组织研究[M].上海:上海人民出版社,1996:130-132.
[91] 张维迎.博弈论与信息经济学[M].上海:上海人民出版社,1996.
[92] 苗天青.我国房地产业:结构、行为与绩效[M].北京:经济科学出版社,2004.
[93] 陈军.中国汽车产业:SCP范式的分析[J].产业经济研究,2004(6).
[94] 张洪力.房地产经济学[M].北京:机械工业出版社,2004.
[95] 吴拯.中国房地产业市场结构优化研究[J].天津城市建设学院学报,2002(9):179-182.
[96] 王晓华.中国房地产业SCP范式初探[J].市场论坛,2006(1):55-57.
[97] 苗天青.我国房地产开发企业的价格行为分析[J].华东经济管理,2004,18(6):43-47.
[98] 泰勒尔.产业组织理论[M].北京:中国人民大学出版社,1997:80-120.
[99] 丹尼斯·迪帕斯奎尔,威廉·C.惠顿.城市经济学与房地产市

场[M].北京:经济科学出版社,2002.

[100] 文林峰.增加中低价位商品住宅供应量的政策建议[J].中国房地产,2005(2).

[101] 查尔斯·H.温茨巴奇,迈克·E.迈尔斯,苏珊娜·埃思里奇·坎农.现代不动产[M].北京:中国人民大学出版社,2001.

[102] 曹振良.房地产经济学通论[M].北京:北京大学出版社,2003.

[103] 朱宪辰.经济适用房"共有产权制度"的制度缺陷分析[J].中国房地产信息,2005(3).

[104] 吴剑锋.我国城市住宅价格研究[J].城市开发,2002(2):52-54.

[105] 平狄克·鲁宾费尔德.微观经济学[M].北京:中国人民大学出版社,1997.

[106] 多恩布什·费希尔.宏观经济学[M].北京:中国人民大学出版社,1997.

[107] 于立.产业经济学理论与实践问题研究[M].北京:经济管理出版社,2000.

[108] Robert Cervero, John Landis. Assessing the impacts of urban rail transition local real estate markets using uasi-experimental comparisons[J]. Transportation Research Part A: Policy and Practice, 1993, 27(1):13-22.

[109] 安体富,王海勇.我国房地产市场发展和房产税收制度改革研究[J].经济研究参考资料,2005(43).

[110] 李木祥.中国房地产泡沫研究[M].北京:中国金融出版社,2007:120-130.

[111] Monika Piazzesi, Martin Schneider, Selale Tuzel. Housing, consumption and asset pricing [J]. Journal of Financial Economics, 2007, 83(3):531-569.

[112] John M Quigley. Real estate portfolio allocation: The European consumers' perspective[J]. Journal of Housing Economics, 2006, 15(3):169-188.

[113] 周炳林.为什么房地产业不容易爆发价格战[EB/OL].21世纪经济报道网站.

[114] 柴泳,杨伯华.西方经济学[M].成都:西南财经大学出版社,1995.

[115] John M Quigley. A simple hybrid model for estimating real estate price indexes[J]. Journal of Housing Economics, 1995, 3(4):1-12.

[116] Shraon I O 'Donnell, Tom G Geurts. Point: "Competition and value-of-service pricing in the residential real estate brokerage market" [J]. The Quarterly Review of Economics and Finance, 1995, 35(3):327-332.

[117] Peter T Chinloy. Hedonic price and depreciation indexes for residential housing: A longitudinal approach[J]. Journal of Urban Economics, 1977,4(4):469-482.

[118] 曹振梁,傅十和.房地产泡沫及其防范[J].中国房地产,2000(2):12-14.

[119] Peter Chinloy. Returns to holding housing[J]. Journal of Housing Economics, 1992,2(4):310-323.

[120] Bradley T Ewing, James E Payne. The response of real estate investment trust returns to macroeconomic shocks[J]. Journal of Business Research, 2005, 58(3): 293-300.

[121] Piet Eichholtz, Kees Koedijk, Mark Schweitzer. Global property investment and the costs of international diversification [J]. Journal of International Money and Finance, 2001,20(3):349-366.

[122] 王述英.现代产业经济:理论与政策[M].太原:山西经济出版社,1999.

[123] 王俊豪.现代产业组织理论与政策[M].北京:中国经济出版社,2000.

[124] 丹尼斯·卡尔顿,杰弗里·佩罗夫,现代产业组织[M].上海:上海人民出版社,1998.

[125] 刘志峰.继往开来,与时俱进,深化改革,促进住宅建设与房地产业持续健康发展[R].在全国住宅与房地产工作会议上的讲话,2003.

[126] 苗天青.我国房地产业的实际利润率及其福利效应分析[J].经济问题探索,2004(12):115-117.

[127] 为成龙.企业规模经济[M].北京:中国经济出版社,1999:85-90.

[128] Piet Eichholtz, Kees Koedijk, Mark Schweitzer. Global property investment and the costs of international diversification [J]. Journal of International Money and Finance, 2001,20(3):349-366.

[129] Douglas J Skinner. How well does net income measure firm performance? A discussion of two studies [J]. Journal of Accounting and Economics, 1999, 26(1-3):105-111.

[130] Ahn, Byong Hun,Jung Heon. Power balance and equilibrium channel struture in the Korean gasoline market[J]. Energy Journal,1994,15(1):157-172.

[131] Niels Hemes,Robertlensink. Financial System development in transition economies [J]. Journal of Banking and Finance, 2000:507-524.

[132] 赵旭.关于中国保险公司市场行为与市场绩效的实证分析[J].经济评论,2003(4):118-121.

[133]　傅晓初.中国银行业市场化绩效研究[D].暨南大学,2004.
[134]　金三林 [N].中国经济时报,2006-11-13.
[135]　陈伯庚.经济理论与房地产研究论文集[M].上海：上海人民出版社，2003.
[136]　丹尼尔·卡尼曼.卡尼曼和前景理论[J].读者,2003(12).
[137]　扈文秀.泡沫经济的防范研究[J].经济管理,2002(21).
[138]　扈文秀.席酉民,经济泡沫向泡沫经济的演变机理[J].经济学家,2001(4).
[139]　陈华.房地产价格风险:国际教训、中国的现状及路径选择[J].经济与管理 2006,20(4):5-9.
[140]　林翰.我国城市房地产泡沫的成因及对策探析[J].中国科技信息,2005(21):38-62.
[141]　章永涛.房地产泡沫的评估与防范[J].市场周刊，2003(7):58-59.
[142]　刘长滨,吴增玉.加入 WTO 与中国建设业[J]. 建筑经济,2000(1):15-19.
[143]　潘盟.国家竞争力研究[J].外国经济与管理,2003(4):24-27.
[144]　赵黎明,刘振聚,黄卫华.房地产业发展趋势分析及政策建议:以天津市为例[J].价格理论与实践,2006(2).
[145]　丹尼斯·迪帕斯奎尔,威廉·C.惠顿.城市经济学与房地产市场[M].北京:经济科学出版社,2002.
[146]　Gilles, Christen, Stephen F Leroy. Bubbles and charges[J]. International Economic Review, 1992(5).
[147]　王惠文.偏最小二乘回归方法及其应用[M].北京:国防工业出版社,2000:12-32.
[148]　Charnes, Cooper W, Rhodese. Measuring the efficiency of decision making units[J]. European Journal of Operational

Research,1978,(2):429-444.

[149] Seiford L M. Data envelopment analysis: The evolution of state of the art[J]. Journal of Production Analysis, 1996(7): 99-137.

[150] 沈建明.项目风险管理[M].北京:机械工业出版社,2003:110-116.

[151] 秦寿康.综合评价原理与应用[M].北京:电子工业出版社,2003:23-26.

后　记

本书终于定稿完成，回顾几年来走过的历程，确有许多感慨。

首先，我要对天津大学的汪波教授表示最真挚的感谢，是他的言传身教和悉心指导把我带进了管理学的殿堂。在近几年的日子里，感慨的不仅是从汪老师那里学到了管理丛林中广袤深邃的理论，使得自己的知识层次与深度均又上了一个台阶，从研究的选题、撰写、修改等各个关键阶段，汪波教授无不倾注了大量的心血。更为重要的是从汪老师的言传身教中学到了对待科学的态度和做人的道理。汪老师渊博的学识，谦虚严谨的治学态度，精益求精的敬业精神，平易近人、诲人不倦的作风，以及高尚的人格魅力，深深地感动着我、激励着我，深感师恩浩荡，受益终生。值此本书完成之际，谨向汪波教授表示由衷的敬意和谢意！

其次，要感谢给予我认真指导和无私帮助的张保银老师、白彦壮老师和殷红春老师，对他们的热情帮助表示诚挚的谢意！

最后，我还要特别感谢我的家人和朋友，他们分担了我在写作中的无数苦恼和艰辛，是他们的理解、支持与无私帮助，才使我顺利地完成了本书的写作。

黄　慧

2014年5月于丹东